编 委 会

主　编：李　志
副主编：丰　云
编委会成员：
左家齐　杨晓蓉　刘逸心　李骄杰　刘浚哲
王瀚晨　李晓洁　欧阳语心　　　宋姝瑶

看，这就是青年恩格斯！

All Things about Young Engels

李 志　主编

丰 云　副主编

人民出版社

编者序

　　弗里德里希·恩格斯，作为一位与卡尔·马克思并肩的伟人，可谓家喻户晓。

　　可是如果细问一下，恩格斯的伟大一生是如何成就的，或者说，他是如何成为一位改变了19世纪末以来世界进程的革命家与思想家，他经历了哪些重要的思想转变、出版了哪些重要的著作、关注过哪些重大的问题，等等，能详细作答的人就寥寥了。放眼整个学术界，对青年恩格斯的直接研究成果更是屈指可数。

　　相比之下，马克思的经典著作、金句格言、逸闻趣事、社会交往乃至少年时代的不成熟习作，都自然地成为万众瞩目的焦点。近年来，青年马克思的研究热潮，更是映衬了马克思与恩格斯在世人心中的不对等地位。自马克思主义作为一种"主义"诞生以来，无论是历史唯物主义、无产阶级革命理论、资本批判抑或其他的理论与实践方面的卓越贡献，仿佛都独属于马克思或主要属于马克思。"恩格斯"这个名字，就像一个"后缀"，始终代表着马克思之后的恩格斯，代表着一个如影随形但又有些虚空的形象。

诚然，马克思将恩格斯视为伟大事业的"合作者"、"合伙人"，恩格斯本人却将自己视为"第二小提琴手"而甘居马克思之后。暂不论马克思与恩格斯之间的学术思想关系究竟如何，毋庸置疑的是：恩格斯作为一个独立的个体，一个有血有肉的人，有着与马克思截然不同的成长环境、教育背景、性情禀赋、理论旨趣和思想发展历程。退一步说，即使在唯物史观、共产主义理论等马克思主义的全部贡献方面，恩格斯确实不及马克思，也不能将马克思的一切加之于恩格斯的身上。恩格斯与马克思是不同的，这应是尝试理解两个伟大人物的最起码共识。

一旦我们决意破除"后缀"与"影子"的偏见而聚焦于恩

格斯，一旦我们决意在长久被掩埋的历史文献中发现这个丰富而坚韧的灵魂，其少年和青年时代就是一段绕不开的历史。正如学界愈加趋向于关注青年马克思、注重青年马克思向成熟马克思所发生的重要思想转变一样，恩格斯也非生而就知晓共产主义，亦不可能生而就是马克思主义者。

在这一意义上，我们要先把恩格斯看作一个普通人，一个有苦有乐、有烦扰也有追求、有束缚亦追求自由的平凡人。唯有如此，恩格斯从少年到青年所发生的每一次转变，他在其后人生中所做的每一次抉择，他与马克思的合作及其所成就的非凡贡献，才是可理解的。为此，他才是我们的同行者，是我们中的一员。

"青年恩格斯"是一个模糊的说法，就如"青年马克思"所指代的思想分期一样，这里同样会带来一些分歧甚至争论。对这本小册子而言，为了刻画一个独立的青年恩格斯形象，为了更清楚地表明青年恩格斯在唯物史观转向中的特殊地位，青年恩格斯形象的理论刻画将限定在这样一个时间段：从 1820 年 11 月 28 日恩格斯出生到 1844 年 8 月马克思与恩格斯第二次会面。在 1844 年 9 月至 11 月，恩格斯与马克思开始了第一次的理论合作，创作了《神圣家族》；在此后一年，二人开始合作撰写标志着历史唯物主义诞生的巨著《德意志意识形态》。

以 25 岁之前的恩格斯作为观察和研究的对象，显然与已有的恩格斯传记不同，甚至也与那些声名赫赫的马克思传记不同。当然，区别不仅仅在于，这本小册子仅选取了短短的 24 年：这并非一本严格意义上的名人传记，因为它不完全沿着时间线索进行人物描画。毋宁说，在时间线这条明线之外，还潜藏着一条暗线：那些对青少年时期的恩格斯产生过重大影响的人物、事件、思想等，是牵引着本书写作的另外一条重要线索。

由此，读者们将会发现，本书实际上包括三大板块。从"少年恩格斯的文学之路"、"青年恩格斯与青年德意志的'纠葛'"到"青年恩格斯的'橡树'与文学榜样白尔尼"，描绘了青少年恩格斯的文学之旅——一位文学少年如何从浪漫主义转向现实主义、文学创作如何与宗教批判、政治批判相伴相随。从"不来梅的通讯员到曼彻斯特的'司令'"、"从哲学旁听生到青年黑格尔派成员"再到"哲学自学者的谢林批判"，记录了青年恩格斯在柏林时期的一段特殊经历——穿梭在士兵与旁听者的双重身份之间，一位德国青年如何同时满足了军事兴趣与哲学兴趣从而回应了那个特殊的时代。从"一位工厂主的儿子对贫困问题的思考"、"工人运动需要什么样的理论"到"倒不如给政治经济学换个新路标吧"，浓墨重彩地凸显了旅居英国的这位德国青年对经济问题的独到判断——富人家的孩子"混迹于"穷人的世界，如何在空想社会主义与古典政治经济学的批判中寻求穷人的"福音"。

这本小册子的独特之处，不仅在于"历史线索＋专题线索"的叠加式叙述形式，还在于编写理念、方法、选取文献的特殊性以及一个特殊的写作群体。

重新发现和认识青年恩格斯，意味着暂时搁置以往给恩格斯所贴的各类标签，尊重历史文献向我们展现的真实一面。通过展现其虔诚主义的宗教家庭背景、对文学阅读和写作的热爱、对军事理论与实践的兴趣、对德国古典哲学的学习与探究、对经济问题及理论的思考与探索等，塑造一位立体、真实、鲜活的青年恩格斯形象。在我们看来，青年恩格斯是一位好学、敏思、坚韧、独立的德国青年，但也时常面临着不甘、困惑、犹豫乃至自我否定的脆弱时刻。这才是真实的恩格斯，一位诞生于凡尘却要率领凡人走向天国的"普罗米修斯"。

重新发现和认识青年恩格斯，意味着将他视为一个整全的、独特的个体，意味着他在理论上抑或实践上所迈出的每一步，都具有同等重要的意义。很难说，究竟是哪一种因素在青年恩格斯的成才之路上发挥了最为重要的影响——宗教的反叛还是文学的热爱、哲学理论的学习还是军事实践的兴趣、对穷苦大众的悲悯还是对经济学家的不满……对于这样一个有血有肉的真实个体而言，他从来都生活在一个复杂的家庭和社会背景中，宗教、文学、政治、军事、经济等因素时常杂糅在一起。我们可分辨这些要素，但不应将它们分割开来。

重新发现和认识青年恩格斯，还意味着发掘和尊重不同类别的历史文献。除了他创作的诗歌等文学作品、发表的通讯和哲学笔记、撰写的经济学类文章外，他写给家人和友人的书信（包括插图）、他所处时代的思想文化状况、所处不同国别地域的经济状况和政治形势、记录其成长和生活实践的各类档案材料等，都将从不同侧面、不同维度展现年轻的恩格斯在时代变革下的迷茫、思考、探索以及成长。在这里，一篇哲学笔记未必就比一封书信具有更高的文献学价值，哪怕一首稚嫩的诗歌也记录了其人生中的真实片段。

重新发现和认识青年恩格斯，幸运地拥有一支年轻的写作团队。不同于以往的恩格斯传记或马克思传记出自名师大家之手，这本小册子有一个相当年轻的写作群体，其中不乏 20 岁左右的本科生和研究生。他们自 2022 年春天加入"基于马克思恩格斯书信文本的历史唯物主义起源问题研究"项目以来，持续穿梭在青年马克思与恩格斯以及现当代研究文献之间。正是青年恩格斯思想的丰富性与后世研究的贫乏性之间的反差，决定了本次写作的主题。他们以年轻人独有的视角、经历与梦想，记录了伟大而又平凡的恩格斯，是对过去的致敬也是对未来的憧憬。

朋友们，让我们一起走进青年恩格斯的时空，看看这位伟大的人是如何横空出世的！

目 录

初生牛犊：少年恩格斯的文学之路

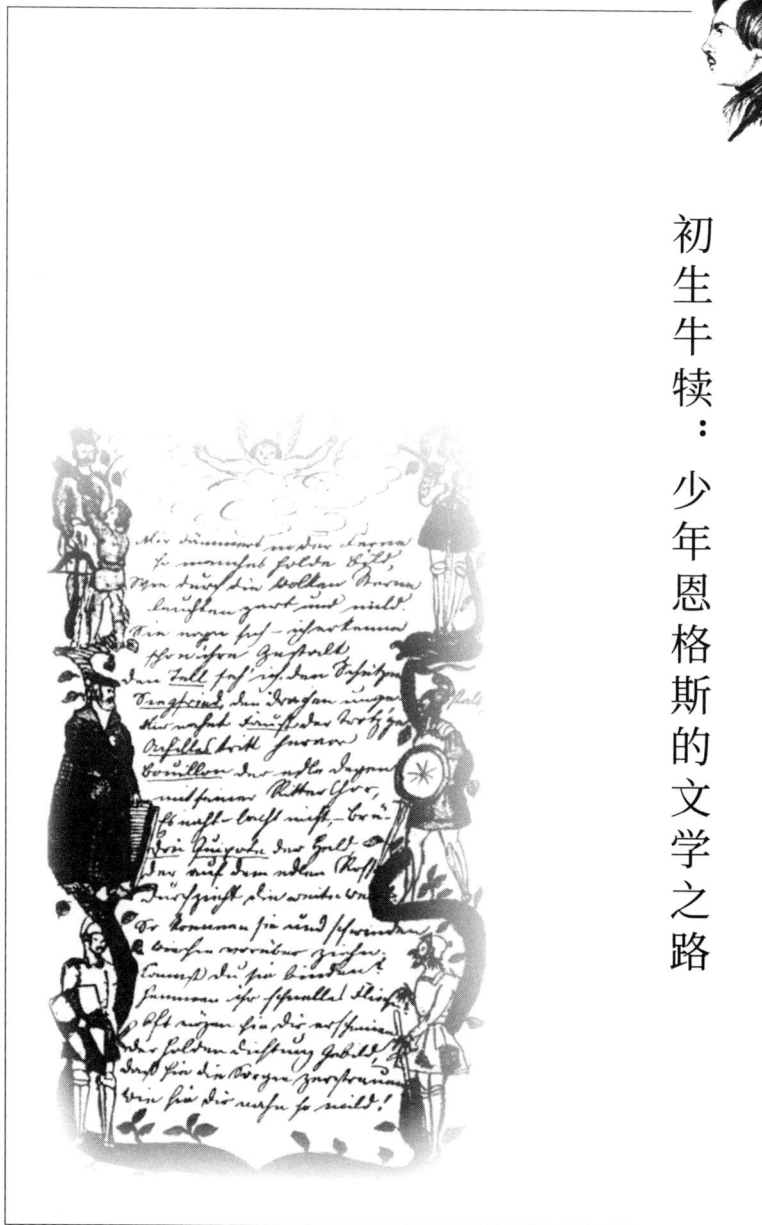

◆ 恩格斯写的诗歌《我看到远方闪烁着光芒》

编者按

在少年恩格斯的成长之路上，文学与文艺创作是绕不开的话题。受母亲与外祖父的影响，少年恩格斯喜欢聆听英雄故事、传奇小说，还曾怀揣一个当作家的梦想。年少的恩格斯创作诗歌，写作小说，希望用鲜活的文学形象寄托自己挣脱传统束缚的宏图伟志。随着少年恩格斯的成长，他的文学见解也逐渐走向成熟。从16岁至21岁的短短5年时间里，他从浪漫主义的磅礴激情转向对现实主义的深入探究，由对诗和远方的朴素向往，转向对现实问题的上下求索。这自然会引发我们的好奇：文学之于少年恩格斯究竟意味着什么？他是如何在阅读与创作中不断反思和成长，并最终转向对现实问题的关注？

1820年11月28日，弗里德里希·恩格斯出生于德国莱茵省的巴门市。莱茵省是当时德国经济最发达的地区，巴门作为莱茵境内著名的工业城市，煤矿资源丰富，水路航运便利，又

因出口葡萄酒和纺织产品而负有盛名，是德国工业化程度最高
的地区之一，被誉为"德国的曼彻斯特"。若是身处 19 世纪初
的巴门，沿街便可以看到整齐排列的工业厂房、高大的烟囱、
庄严的拜占庭式教堂，随处可以感受到这座城市的繁荣富足。
不过，经济上的欣欣向荣没能给巴门带来思想上的蓬勃生机，
相反，保守的声浪始终占据着主导地位。

Bekanntmachungen.

Geburtsanzeige.

Gestern Abend wurde meine liebe Frau von einem
gesunden Knaben glücklich entbunden.
Barmen den 29. November 1820.
Friedrich Engels.

◆ 恩格斯的父亲在《埃尔伯费尔德日报》上刊登的恩格斯的出生通告："昨晚，我
亲爱的妻子顺利地生了一个健康男婴。1820 年 11 月 29 日于巴门。"

19 世纪早期，巴门成为一个严格的虔诚主义教派的中心，
这里的资产阶级商人固守《圣经》的字面真理，每日的生活粗
野又无聊：白天埋头做生意，晚上便三五成群地打牌、消遣或
谈论政治，直至九点钟后各自回家，就这样日复一日。

对于底层工人来说，虔诚主义反过来变成资产阶级操控其

◆ 1840 年前后的巴门

精神生活的利器。工厂主们从工人身上榨取大量血汗，却摆出一副道貌岸然的姿态：工人的贫困和痛苦是由工人自身的罪孽造成的，穷人要接受自己的命运，并通过日以继夜的劳动来赎清自己的罪孽。这些无力而荒谬的谎言，竟在宗教外衣的包装下，欺骗了无数备受工厂主压榨的工人。工人们把酗酒当作逃避现实的唯一方式，一到晚上小酒馆里就挤满了工人。正如恩格斯在《伍珀河谷来信》中所说的那样：以当时工人的文化水平和艰难的处境来看，在虔诚主义者的洗脑下，选择酗酒又有什么奇怪可言呢？

　　一个师傅坐在那里，右边摆着一本圣经，左边——
至少经常是——放着一瓶烧酒。在那里，工作是不会妨
碍他的。他几乎总是在念圣经，时而喝上一盅，偶尔也
跟帮工一起唱圣歌；但他的主要活动是一味指摘他人。
你可以看到，这种趋向在这里也和各处一样。虔诚派
教徒竭力使人们接受他们的信仰，这种强烈的意向并没
有落空。①

　　在虔诚主义席卷巴门的同时，一股自由主义的思潮也在暗
中涌动。受法国大革命启蒙的一代文学家、哲学家和诗人，如
席勒、海涅都曾生活在巴门的邻市，他们身上洋溢的光芒与活
力点燃着年轻人的心。一到每年秋天的音乐节，整个莱茵省便
洋溢着青春自由的气息，男女老少相聚一堂，用音乐尽情奏响
心中的欢愉。

　　恩格斯家族自 16 世纪以来便定居在巴门，是名副其实的
望族。恩格斯的曾祖父约翰·卡斯帕尔·恩格斯白手起家，在
巴门创建了一家漂白和纺纱工厂。在小恩格斯出生前，这个家

---

① 《马克思恩格斯全集》第 2 卷，人民出版社 2005 年版，第 45 页。

◆ 恩格斯家族在恩格斯基兴的工厂，远处是他们的住所

族已先后建立了漂白厂、印染厂和织带厂，还曾在巴门市内兴
办学校，参与各类公共事务，享有极佳的社会声誉。

恩格斯的父亲与其祖先一样，是当地著名的工厂主。与巴
门的大多数工厂主一样，恩格斯的父亲对普鲁士的封建传统和
虔诚主义的宗教信仰深信不疑，并以此教育他的子女们。所
以，和巴门的大多数家庭一样，恩格斯父亲主导下的家庭氛围
格外严苛、保守与压抑。不过，恩格斯的母亲却是另一番情
形。她出生于一个文艺氛围浓厚的家庭，从小热爱文学艺术，

◆ 恩格斯的父亲老弗里德里希·恩格斯（1796—1860）和母亲伊丽莎白（爱利莎）·弗兰契斯卡·毛里齐亚·恩格斯，父姓范·哈尔（1797—1873）

性格开朗活泼，很喜欢笑。据说，即便在她年事很高的时候，有时还会笑出眼泪来。

由于父亲工作繁忙，小恩格斯常常与母亲住在外祖父家。身为语言学家的外祖父伯恩哈德·范·哈尔知识广博、思想开明，常常给他讲述古代的神话故事。百眼哨兵阿尔古斯，投海身亡的爱琴，金色羊毛的传说，亚尔古船上的英雄们……无数英雄在外祖父绘声绘色的讲述下，仿佛就出现在小恩格斯的眼前。每当小恩格斯遇到生活上的不如意时，他总能被这些故事激励着向前。正因如此，外祖父在他年幼的心里留下了极为深刻的印象。13 岁的恩格斯写作了诗歌《献给我的外祖父》，寄托了他对外祖父的想念：

◆ 恩格斯的外祖父伯恩哈德·范·哈尔（1760—1837）

献给我的外祖父①

1833 年 12 月 20 日于巴门

亲爱的外祖父，你对我们总是那样和蔼可亲，

每当出现坎坷，你总是扶助我们向前行进！

---

① 《马克思恩格斯全集》第 2 卷，人民出版社 2005 年版，第 3 页。

你在这里的时候，曾给我讲过许多动人的故事，

你讲过克尔基昂和提修斯，讲过阿尔古斯——那位百眼哨兵；

你讲过米诺托、阿莉阿德尼，讲过投海身亡的爱琴；

你讲过金羊毛的传说，讲过亚尔古船英雄和约逊；

你讲过强悍的海格立斯，讲过丹纳士和卡德摩斯。

此外你还讲过多少故事，我已经无法数清；

我祝愿你，外祖父，新年幸福，

祝愿你健康长寿、无忧无虑、愉悦欢欣，

祝愿你万事如意、吉祥幸运，

这一切祝愿，都出自孙儿对你挚爱的深情。

弗里德里希·恩格斯

在小恩格斯的童年时光里，外祖父口中的神话英雄总能抚平他淡淡的愁绪。16岁时，恩格斯在其诗作《我看到远方闪烁着光芒》里，描述了云雾里走来斩杀恶龙的齐格弗里特、倔强的浮士德、率领着骑士们列队成行的布尔昂，以及周游世界的唐·吉诃德。英雄人物的壮志豪情让小恩格斯不禁感叹："他们一旦亲切地向你靠近，就会将你心中愁云一扫而光！"[1]

---

[1] 《马克思恩格斯全集》第2卷，人民出版社2005年版，第6页。

我看到远方闪烁着光芒①

我看到远方闪烁着光芒，

那是一个个美好的形象，

就像点点繁星穿透云雾，

放射出清纯淡远的柔光。

他们正向我一步步靠近，

我已经认出他们的模样，

我看到了射手退尔，

看到了齐格弗里特，也看见那条恶龙的凶相；

倔强的浮士德向我走来，

阿基里斯也已登台亮相，

还有高贵的勇士布尔昂，

率领着骑士们列队成行；

英雄唐·吉诃德随之出场，

——兄弟们，请不要笑——

他坐在高贵的骏马之上，

要周游世界，驰骋八方。

---

① 《马克思恩格斯全集》第2卷，人民出版社2005年版，第5页。

他们就是这样来而复去，

就像匆匆地走一个过场；

你能否羁留他们的身影？

1837 年，恩格斯还写了一篇小说《海盗的故事》，歌颂希腊人反抗土耳其人的解放运动。故事跌宕起伏，战斗场面描写得惊险刺激，仿佛让我们看到少年恩格斯在提笔撰写故事时的激动心情。值得注意的是，在小恩格斯的笔下，这群凶猛好战的海盗们被赋予了自由的灵魂——"我们是另一种人，是更好的人，就是说，我们是真正的希腊人，是知道珍重自由的人。"①

面对向往自由解放、英雄豪情的儿子，恩格斯的父亲感到隐约的不安——小恩格斯似乎想要背离虔诚主义信仰。在老弗里德里希·恩格斯 1835 年 8 月 27 日写给恩格斯母亲的信中，他将这位长子描述为"性格奇特和好动的孩子"：

你是知道的，他表面上变得彬彬有礼，尽管先前对他

---

① 《马克思恩格斯全集》第 2 卷，人民出版社 2005 年版，第 8 页。

进行过严厉的训斥，看来他即使害怕惩罚也没学会无条件的服从。例如，令我感到懊恼的是，今天我又在他的书桌里发现一本从图书馆租借的坏书——一本关于十三世纪的骑士小说。值得注意的是他把这类书籍摆在书柜里而满不在乎。①

的确，恩格斯父亲在为长子规划的人生道路上，一直试图规避自由主义思想对恩格斯的影响。他的父亲认为，自由主义思想会使小恩格斯的性格"向一种令人不安的漫不经心和性格软弱方面发展"。少年恩格斯在接受家庭教育之后，先是被送至由他父亲担任管理委员会委员的巴门市立中学学习，这是一所典型的虔诚主义的理科学校；随后又进入埃尔伯费尔德福音教会中学——一所由虔诚派管理的、被公认为普鲁士最好的中学之一。

对于年少的恩格斯而言，父亲的一番苦心并非毫无用处。1837 年，恩格斯在行坚信礼时，将希望寄托在家族传统中。在《主耶稣基督，上帝之子》一诗中，他写下了自己的生活格言：忘记那些在后面的东西，求取那些在前面的，努力前进，实现

---

① 《马克思恩格斯全集》第 41 卷，人民出版社 1982 年版，第 690 页。

◆ 巴门市立学校

◆ 埃尔伯费尔德文科中学

上帝加在基督耶稣身上的高贵使命。这里，除了对基督耶稣的顶礼膜拜，恩格斯也表达了对未来的无限向往。

主耶稣基督，上帝之子①
—
主耶稣基督，上帝之子，

---

① 《马克思恩格斯全集》第2卷，人民出版社2005年版，第23页。

请你走下宝座,

来拯救我的魂灵!

请你赐予永恒的幸福,

请你带来圣父的光明,

请允许我把你当作惟一的救星!

如果天上是那样温馨而又瑰丽, 没有痛苦只有欢欣,

我们将赞颂你——救世的神明!

　　然而, 即便在校园内, 少年恩格斯也接触到许多为虔诚主义所排斥的知识教育。他所在的埃尔伯费尔德福音教会中学, 表面上是一所虔诚派管理的中学, 但实际教学是由代理校长汉契克博士负责, 而汉契克博士是一名路德派教徒, 受自由主义影响较大。埃尔伯费尔德教会中学有一半的课时都设置为人文主义的专业学习, 这对少年恩格斯的影响较大, 使其愈发浓烈地追求思想自由和精神独立。

　　从恩格斯的学业证书上可以看到, 他掌握拉丁语、希腊语和法语, 在历史、地理、数学和物理学方面取得了不错的成绩。汉契克博士认为, 恩格斯的资质很高, 且表现出了一种希望拓展自身知识面的渴望。

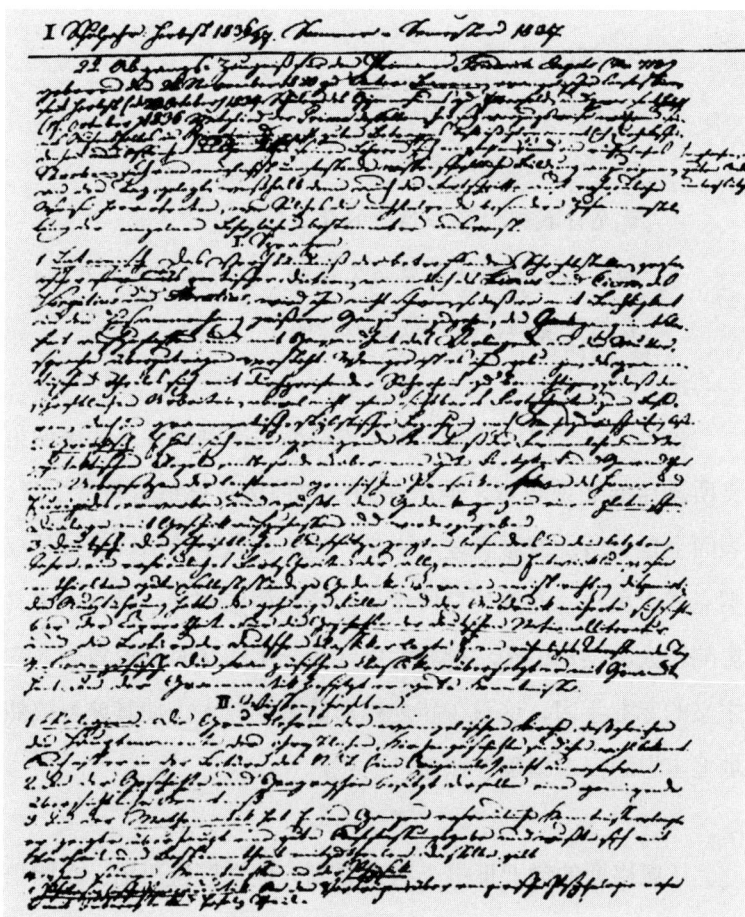

◆ 恩格斯的肄业证书。埃尔伯费尔德教会中学代理校长汉契克博士在证书中称赞恩格斯"操行优异"、"资质很高"、有"独立的思想"

如此一来，强大的虔诚主义传统与被压抑的自由精神，就在少年恩格斯这里形成两股力量，纠缠在一起。他发现学校里教授的人文主义知识与父亲的教诲并不相同，他感到自己的激情与活力总要遭受父亲的不满与打压。这对于任何一个年轻人来说都是一种为之过早的、自己尚不能完全理解的精神不安。为了平复内心的焦灼与躁动，他曾试图行坚信礼，从宗教信仰中寻求灵魂得救之路，也曾广泛阅读，寄希望于古代的英雄故事、骑士小说，希望从文学英雄形象中汲取力量。

如果我们将小恩格斯创作的诗歌同他彼时的心境与所处环境联系起来，就会发现，在他崇尚英雄主义、浪漫自由的精神旗帜之下，潜藏着试图突破精神藩篱的冲动。少年恩格斯对英雄形象的景仰，不完全是一种文学见解，更多的是为了反抗虔诚主义的死气沉沉、市侩社会的空虚乏味所进行的精神探索。

本来，恩格斯打算在中学毕业后继续进入大学深造，但这一切被父亲突如其来的安排打乱了。恩格斯父亲的公司出现了临时变动，再加上父亲对于小恩格斯受"异端"思想"诱惑"

并"误入歧途"的担忧，他决定让小恩格斯在中学毕业前就退学。于是，恩格斯于 1837 年 9 月离开学校，前往父亲在巴门开办的公司，成为一名办事员。

紧接着，1838 年 7 月，由于恩格斯父亲新创立的公司急需帮手，恩格斯又被父亲派遣到不来梅的汉萨同盟港区当商业学徒。就这样，恩格斯离开了故乡巴门，踏上了在社会实践中学习知识、探索真理的道路。1838 年 7 月 26 日，他在写给母亲的信中提道：

亲爱的母亲：

　　从上面父亲的信中，想必你已经获悉，我们至今总的说来还都好。然而，海上旅行——我似乎感到脚下的大地在不停地摇晃——还有周围的喧嚣，实在使我感觉纷乱迷惘，我无法给你多写。我现在置身于一个全新的世界中了。祝安好，请向大家转达我衷心的问候。

　　　　　　　　　　　　　　　　　你的　弗里德里希[1]

———————————

[1] 《马克思恩格斯全集》第 47 卷，人民出版社 2004 年版，第 81 页。

◆ 19 世纪中叶的不来梅

　　彼时，未满 18 岁的小恩格斯不曾预料，在不来梅的三年岁月里，他终于有机会展开自由的思想探索，并完成一生中重要的思想转折。作为德国北方的商港，不来梅尽管也受虔诚主义的影响，却远没有巴门那样封闭保守。初到不来梅，恩格斯被自己的父亲送到萨克森领事洛伊波尔德的商行当练习生。作为一个不拿薪水的办事员，工作不受严格监督，恩格斯有大量的时间喝啤酒和读书。

　　虽然少了几分传统家庭的束缚，但在没有家人陪伴的日子

◆ 在不来梅期间生活的速写

里，恩格斯常常会感到孤独与思念。当老板不在时，他便借着誊写业务函件的名义，给弟弟妹妹、同学和朋友们写信，有时还会因为朋友、家人的回信不够长而忿忿不平。1838 年 9 月，他在写给妹妹的信件中说道：

> 这 8 个星期我不在，胖子一定又讲了什么笑话，难道你就不能写信告诉我？我根本不可能知道的事情不是很多吗？你说，"我不知道该写些什么"，这算什么借口呢？①

有时看到妹妹的来信不够长，恩格斯会表达自己的不满：

> 你就是这么做的；总是用稀稀落落的字填满两页了事，而让另外两面空着。为了证明我不像你那样，我不想以德报德，以怨报怨；我自讨苦吃，密密麻麻地给你写满 4 页。②

即便是在写给朋友的信件里，他也要约法三章：

① 《马克思恩格斯全集》第 47 卷，人民出版社 2004 年版，第 91 页。
② 《马克思恩格斯全集》第 47 卷，人民出版社 2004 年版，第 85 页。

　　我要求你们写的信即使不比我的信长，至少也要一样长。①

　　我给你们 8 天期限，在收到我来信后的第九天，你们务必寄出回信。不这样不行。

　　这是给你的一幅具有民间故事书风格的版画。它向你清楚地说明了我多么盼望你们，也就是盼望着你们的信。②

仿佛只有收到朋友和家人满满当当的信件，他才能略微平复自己的思念之情。除了给家人朋友写信外，恩格斯还在闲暇时参加各种各样的社交活动，滑冰、骑马、唱歌、跳舞、小胡子协会、辩论俱乐部和演说协会……纸醉金迷的生活并没有占据恩格斯生活的全部。在不来梅这座繁华的都市里，敏锐细腻的恩格斯很快熟悉了资本主义商业生活的方方面面，接触到形形色色的人物，并对百姓生活的疾苦有了更直接的体悟。

_____

① 《马克思恩格斯全集》第 47 卷，人民出版社 2004 年版，第 101 页。
② 《马克思恩格斯全集》第 47 卷，人民出版社 2004 年版，第 120—121 页。

在写给妹妹的信中，恩格斯常常会嘲讽老板对贵族们的阿谀奉承，也对不来梅底层工人的不幸命运感慨万分。在刚到不来梅的时候，他便在给妹妹的信中讲述了一个漆匠从脚手架上跌落而当场死去的不幸故事。他哀伤地说："在 8 天中这已经是第二个了。"他还观察到，在住所对面的巷子里，有一位深夜 11 点仍要出门巡查的点路灯工人，工人的辛劳常常让他感到痛心。

当然，不来梅商业港的自由氛围，也为恩格斯的精神探索提供了丰富的资源。在这里，他可以找到来自英国、法国、荷兰、西班牙、意大利等国的报刊和书籍，读到哲学类、文学类、政治学类等不同领域的书籍。他寄住的家庭也拥有比较自由的氛围，虽然是牧师家庭，但这位牧师从不勉强恩格斯参加圣经学会和主日学校。所有这些，都让恩格斯能够自主地探索自己热爱的文学世界。

他写诗，在剧院里欣赏歌剧《魔笛》《格拉纳达的夜营》，还学会了谱曲，有时也学着民间故事书的形式创作版画、讽刺画。自少年时代起就开始的反抗虔诚主义、扫除市侩庸人习气的斗争，越发明显了。在每个春光明媚的早晨，恩格斯便坐在暖融融的花园里，捧起一本书，让阳光把后背照得暖暖和和

◆ 给民间故事书画的插图

的。他说，再没有什么比在这种情况下读书更为舒服的了。

一发不可收拾地，他几度请求朋友家人为他寄送带有浪
漫主义风格、德国民间色彩或神秘色彩的文学作品。1838 年
9 月 17—18 日，他写信请求格雷培兄弟替他购入几本民间故
事书：

> 我最需要的是《屋大维皇帝》、《席尔达人》（莱比锡
> 版的节本）、《海蒙的儿子》、《浮士德博士》和其他一些附
> 有版画的书；如果碰到具有神秘色彩的书，也请购买几本，

特别是《西维拉占语集》。①

到了 10 月，他还叮嘱妹妹给他寄送歌德著作：

> 你可以不时地隔两三天就提醒妈妈一次，请她在圣诞
> 节前把歌德的作品寄给我。我确实非常需要它们。②

毫无疑问，恩格斯热爱文学。在文学的世界里，文学家们以诗歌、小说为矛，试图解放所有被困在地牢之下的自由精灵。和每一位正处于青春叛逆时期的少年一样，恩格斯有推翻一切老旧思想的劲头，也有创造崭新世界的野心。或许，恩格斯选择到商行工作，除了父亲的要求外，还抱有这样的想法：既然受巴门青年青睐和仰慕的弗莱里格拉特可以既做店员又做诗人，那么，我是不是也可以试一下呢？

在少年恩格斯的心里，文学燃烧着自己的青春激情，也是表达自己认知社会的一种路径。在 1839 年 11 月 13—20 日的信

---

① 《马克思恩格斯全集》第 47 卷，人民出版社 2004 年版，第 96 页。
② 《马克思恩格斯全集》第 47 卷，人民出版社 2004 年版，第 105 页。

中，恩格斯以难以抑制的激动之情述说着自己的文学梦想：

> 我对世界上的一切文学不仅格外努力去了解，我还正在不声不响地用短篇小说和诗歌为自己建造一座荣誉纪念碑，只要书报检查制度不使锃亮的钢变成丑陋的铁锈，这座纪念碑将以璀璨的青春之光照耀奥地利以外的所有德意志各邦。①

他还说到，自己常常感到有股熊熊的激情烈火在头脑中灼烧，推动着他去探寻一种伟大的思想，酝酿一个宏伟的题材，以文学的形式把整个时代的精神发掘出来。

恩格斯也的确这样做了。仅在刚来到不来梅的那两年，他便撰写了数十篇诗文作品，大都洋溢着对自由的向往。1838年9月，《贝都英人》发表在《不来梅杂谈》，这是他创作的诗歌作品首次被公开发表。他怜悯那些在舞台上乔装打扮、扮演文明的奴隶的贝都英人，呼唤那自由的、身为沙漠骄子的原始部落。

---

① 《马克思恩格斯全集》第 47 卷，人民出版社 2004 年版，第 218 页。

贝都英人①

铃声刚刚响起，

丝幕徐徐上升；

大家屏息凝神，

静听台上传来的语声。

今天不演科策布的剧作，

诸位不能像往常那样笑声朗朗；

今天也不演席勒的正剧，

诸位听不到他那金声玉振的词章。

骄傲而又自由的沙漠之子，

今天在诸位面前悄然登台；

他们的尊严——已经化为尘埃，

他们的自由——已经不复存在。

同样在 1839 年 1 月 20 日致弗里德里希·格雷培的信中，

---

① 《马克思恩格斯全集》第 2 卷，人民出版社 2005 年版，第 26 页。

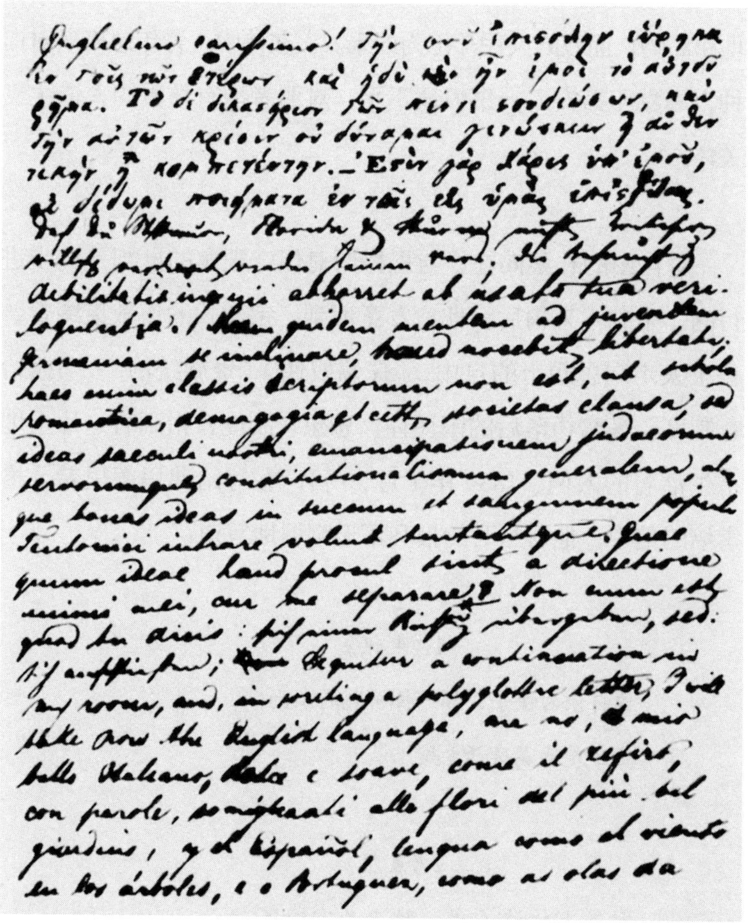

◆ 恩格斯 1839 年 4 月给威·格雷培的信，信中用不同文字描述了各种语言的风格

他附上的《佛罗里达》一诗中写道："他们（白种人）夺走了土地和岛屿，而我的人民却沦为奴隶。"① 在诗中，青年恩格斯对白种人屠戮印第安人一事愤愤不平，对弱者抱有朴素的人道主义关怀。

对自由的朴素向往，与恩格斯对保守现实的批判是同步进行的。来到不来梅后，他愈发意识到，宗教式的说教束缚着普鲁士人走向思想上的自由，"侏儒奴性""贵族统治""书报检查制度"等腐朽落后的国民性、思想、制度，钳制着这片土地上生活着的人们。1839 年 1 月 20 日，在写给弗里德里希·格雷培的信中，他对当时的报刊不无嘲讽地写道：

1.《电讯》

你自诩为快手，那一挥而就的东西，

必定是连篇废话无疑。

2.《晨报》

你早上读过了我，晚上必定想不起，

① 《马克思恩格斯全集》第 47 卷，人民出版社 2004 年版，第 115 页。

你看的是无字的白纸还是印上字的报纸。①

甚至有一次，为了嘲讽报刊的言之无物，他随意从报纸中选取字符拼贴成诗，并投递给《不来梅市信使报》。颇具讽刺意味的是，《不来梅市信使报》居然没有意识到恩格斯的嘲弄与不屑，居然还发表了这首诗。

然而，在一次次写作和打磨中，他逐渐感受到自己的文学能力有限，文艺兴趣开始寥寥。在读过歌德《向青年诗人进一言》的两篇文章后，恩格斯突然感到自己所写的"押韵的玩意儿，对艺术毫无价值"。他向朋友倾诉自己的郁闷：自己怎么就不能写出这样的作品！曾经，他还希望写出优秀的冒险题材小说，但看着自己写下的冒险题材作品，却觉得那些文字像"患了关节炎"，一瘸一拐，步履蹒跚，摇摇欲坠。

恩格斯多次在信中表达自己文学才情的枯竭：

---

① 《马克思恩格斯全集》第47卷，人民出版社2004年版，第123页。

◆ 恩格斯写的诗剧《科拉·迪·里恩齐》手稿

我亲爱的威廉，对你那封妙语连篇的来信，我非常乐意也写一封妙语连篇的回信，不过我根本没有什么妙语可谈，特别是眼下也没有这种情趣，情趣是激发不出来的，而没有情趣，一切就都是勉强的了。但是我感到，我快不行了，仿佛思想正从我的头脑中消失，仿佛我的生命正被夺去，我精神之树的叶儿正在纷纷飘落，我的风趣都是矫揉造作，它们的内核已从壳中脱落。①

在严酷的书报检查制度下，恩格斯在文学作品的发表上也屡屡碰壁。1838 年 9 月 17—18 日，他在信中写道："我的西班

① 《马克思恩格斯全集》第 47 卷，人民出版社 2004 年版，第 100 页。

牙浪漫诗碰壁了，那个家伙显然是一个反对浪漫主义的人。" ①
虽然他的作品在改动后终得发表，但作品最后一句的改动，却
破坏了诗的主要思想与连贯性，最终导致对自由主义精神的弃
之不顾。恩格斯看到自己的作品被发表，起初是喜笑颜开，但
仔细一读，在发现诗作被改动后，怒不可遏。

可以说，不论是主观能力还是客观条件，不来梅时期的
青年恩格斯开始隐隐地感觉到，文学创作至多只是在描述问
题、宣泄情绪，很难从根本上解决问题。旧制度的种种劣根
性，必须用一种比语言更为尖锐的武器才能击破。那么，这
个武器究竟是什么呢？年少的恩格斯仍须继续前行，不断
探索。

◆ ——————— ◆

拓展阅读

[1] [丹] 勃兰兑斯：《十九世纪文学主流 II：德国的浪
漫派》，刘半九译，人民文学出版社 1981 年版。

---

① 《马克思恩格斯全集》第 47 卷，人民出版社 2004 年版，第 93 页。

[2] [德] 乌尔夫·迪尔迈尔:《德意志史》，孟钟捷、葛君、徐璟玮译，商务印书馆 2018 年版。

[3] [英] 戴维·麦克莱伦:《恩格斯传》，臧峰宇译，中国人民大学出版社 2017 年版。

[4] 唐正东:《青年恩格斯哲学思想的形成与发展》，上海人民出版社 2022 年版。

[5] 张云飞:《恩格斯传:将军和第二提琴手》，中国人民大学出版社 2023 年版。

[6] 韦建桦:《恩格斯画传:恩格斯诞辰 200 周年纪念版》，重庆出版社 2020 年版。

Vorlefungen

über die

Philofophie der Gefchicht

Herausgegeben

von

Dr. Eduard Gans.

Zweite Auflage

beforgt

von

Dr. Karl Hegel.

Die Weltgefchichte ift nicht ohne eine
Weltregierung verftändlich.
Wilhelm von Humboldt.

Mit Königl. Würtembergifchem, Großherzogl. Heffifchem und der freien Sta
Frankfurt Privilegium gegen den Nachdruck und Nachdrucks-Verkauf.

Berlin, 1840.

Verlag von Dunder und Humblot.

青年恩格斯与青年德意志的『纠葛』

◆ 黑格尔《历史哲学讲演录》扉页

编者按

从少年时代到青年时代，恩格斯"不安分的"文学尝试，表达了十足的叛逆和对自由的热望。青年德意志的思想并不成熟，政治观点也模糊不清，即便如此，这个激进的文学团体仍深深地吸引了青年恩格斯。海涅、白尔尼、古兹柯夫、文巴尔克、劳伯、蒙特、奎纳，借文学所表达的自由民主精神，在这位少年的心中开始生根发芽。尽管青年恩格斯与青年德意志只经历了短暂的相遇，却陷入了"长久的纠葛"，从"情投意合"转向最后的"分道扬镳"。可以说，青年德意志是青年恩格斯思想历程中的一个独立阶段，是恩格斯从文学热爱者成长为革命者的关键因子。

少年时期的恩格斯虽然生活在一个彻头彻尾信仰基督教的普鲁士家庭，但并不安于枯燥乏味的日常礼拜而经常做一些出格的事情。恩格斯写给父亲的信或许还算作循规蹈矩，写给妹妹和好友的信则不尽然。他经常在信中"谈情说爱"，甚至配上幽默风趣的插画，不了解恩格斯的人甚至会误解他是一位"花花公子"。

也许，恩格斯的父亲早就了解了儿子的秉性，所以才于1838 年 8 月"押送"恩格斯前往不来梅的亨利希·列波尔德大商行学习生意经，并让儿子寄宿在圣马丁教堂牧师长的家里面，继续接受宗教精神的洗礼。可是，正值血气方刚的恩格斯，怎么会甘心折翅于这个"自由的不来梅"呢?!

被群山环抱的伍珀河谷略显寂寥，宗教气氛非常浓厚，对青年恩格斯来说不免有点压抑。所以，他一来到不来梅，就爱上了这个车水马龙的商业大都市。得天独厚的不来梅港，为各种思想的孕育提供了温床，为德国文学提供了一隅之地。国内外各种先进的报纸、书籍、期刊，充斥于不来梅的街头巷尾。毫不夸张地说，没有一家著名杂志不在不来梅驻扎有常驻的通讯员，街谈巷议的地方小报刊登着各种奇闻趣事。

青年恩格斯怎么会放弃这个文学的拱门呢？他充分利用不来梅开放自由的氛围，在经商之余孜孜不倦地阅读文学、历史、哲学、艺术、诗歌等方面的书籍，同时作一些研究和写作来排解内心的苦闷。在这里，他可以阅读歌德、席勒的美作，还可以阅读海涅、白尔尼以及青年德意志作家们的作品。不过，我们断不能因此将他称为一个"书呆子"。正是在不来梅实习期间，他对文学和社会政治局势的思考越发深刻，对自由的追求、对专制的反对越发热烈。

◆ 亨利希·海涅（1797—1856），德国诗人，革命民主主义者

　　彼时，青年德意志作为一个激进的文学团体正活跃在德国文坛上。这是个始于 19 世纪 30 年代，在法国"七月革命"和德国人民起义影响下出现的文学流派和团体。青年德意志的代表作家，古兹柯夫、文巴尔克、劳伯、蒙特、奎纳等人，充分汲取海涅和白尔尼这两位精神导师的进步思想，主张信仰自由和出版自由，并在文艺作品和政论文章中反映了小资产阶级的反抗情绪。

◆ 具有悠久历史的不来梅

　　1837 年，古兹柯夫创办和主编了文学期刊《德意志电讯》，这成为青年德意志的主要思想阵地。正是通过这份期刊，青年恩格斯更为深入地了解当时的现实社会，并开始接触到政论活动，积极向该刊投稿。不过，即便如此，恩格斯也没有立即成为青年德意志的成员。可以说，恩格斯并非一开始就认同青年德意志的作品，他与青年德意志的关系经历了一个从"初步接触"到"真诚归附"并最终"公开决裂"的戏剧性发展过程。

1839 年 1 月 20 日，恩格斯在写给弗里德里希·格雷培的信中，第一次用讽刺性的话语，表达了他对青年德意志的看法：

> 柏林的青年德意志是很不错的一伙人！他们想把我们的时代改造成为一个具有"各种精神状态和各种微妙的相互关系"的时代，换句话说，就是：我们有什么就胡乱写什么，为了把篇幅填满，我们就描写一些不存在的事物，并把这称之为"精神状态"，或者我们东拉西扯地说一通，而美其名曰"微妙的相互关系"。①

恩格斯不止一次地提到，蒙特、奎纳、劳伯等青年德意志作家是在胡编乱造，对德国文学没有产生什么积极的影响。在信中，他甚至连写了四篇关于报刊的讽刺短诗《电讯》《晨报》《晚报》《文学报》，嘲讽当时德国"连篇废话""极其乏味"的文学现状。

1.《电讯》

你自诩为快手，那一挥而就的东西，

① 《马克思恩格斯全集》第 47 卷，人民出版社 2004 年版，第 121 页。

必定是连篇废话无疑。

2.《晨报》

你早上读过了我，晚上必定想不起，

你看的是无字的白纸还是印上字的报纸。

3.《晚报》

如果你夜不能寐，请拿起这张报纸，

保管你马上进入甜蜜的梦乡。

4.《文学报》

在整个艺苑中，这片树叶刺儿最多，

可是它多么干枯！风一吹，便凋落。①

　　1839 年 2 月 19 日，恩格斯在写给弗里德里希·格雷培的信中，同样表达了对巴门文学的失望。总之，此时恩格斯对青年德意志及其影响的评价是负面的，他认为青年德意志非但不会对德国文学产生什么积极的影响，反而是一种"重负"。此

---

① 《马克思恩格斯全集》第 47 卷，人民出版社 2004 年版，第 123—124 页。

外，他还对当时的宗教诗非常不满，想要在新时代寻找一个新的载体取而代之。

但在时代洪流的裹挟和时代观念的影响下，恩格斯对青年德意志的看法逐渐发生了转变。1839 年 3 月，他在《德意志电讯》上发表了《伍珀河谷来信》一文，表达了他对青年德意志的积极看法。

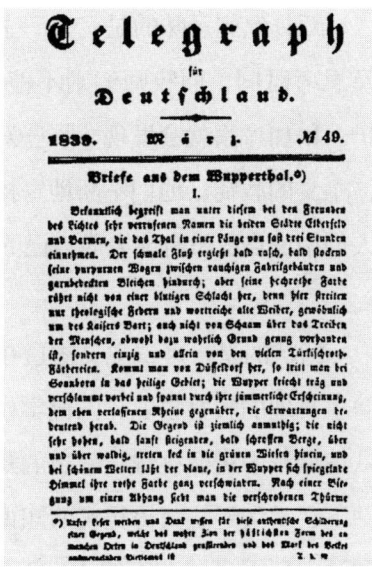

◆ 发表在《德意志电讯》第 49 期上的《伍珀河谷来信》

透过风景如画的伍珀河谷，恩格斯体察到了令人不快的社会景象：一边是搬运工人俨然堕落的闲游汉一般，夜以继日地酗酒、精神极度颓废、整宿流浪于不同的居所，儿童甚至从 6 岁开始就要在矮小破烂的房子里重复劳动；另一边是大腹便便的工厂主无所不用其极地降低工人的工资，压榨工人的工作环境。

颇具讽刺意味的是，工厂主们不停地压榨工人的自由生活及思考时间，而牧师们则不停地为工厂主们的行为作宗教辩护。稍加考察就会发现，那些对待工人最坏的工厂主恰恰是虔诚主义的教徒，他们不断地宣扬宗教改革协会的教义，试图使人们相信自己没有能力靠自己的力量获得幸福。

糟糕的是，虔诚主义渗透在伍珀河谷的各个角落，直接威胁了当地的教育事业。国民学校向学生灌输教义，其教员大多从虔诚派中进行挑选，教员的知识甚为浅薄。在虔诚主义的侵蚀下，学生无法获得扎实的知识教育，他们对文学的理解流于肤浅。所谓受过教育的人，不过是些会玩惠斯特牌或打台球、能谈论国家大事和说得体的客套话的人。

教员和学生们要么很少谈论文学，要么了解的文学极其狭隘，局限于保尔·德·科克、马里亚特等人的作品。恩格斯发现，在这样狭隘的教育下，伍珀河谷地区的人们只会把青年德意志看成是由海涅、谷兹科和蒙特等人组织的一伙蛊惑者的秘密团体，他们甚至不了解青年德意志在文学上的影响。

恩格斯感到，整个伍珀河谷淹没在虔诚主义和伪善主义的汪洋中，而成为一个光秃秃的"文学峭壁"。他对这种现状非常不满，企图用笔杆子揭开虔诚主义的虚伪面纱。正是在此时，他终于正视青年德意志的作用，并在其影响下逐步意识到政治和思想方面的一些重要问题。恩格斯的革命民主主义思想初步萌芽。

《伍珀河谷来信》一经发表，就在伍珀河谷地区激起了巨大的社会反响，人们对其褒贬不一。《埃尔伯费尔德日报》的编辑伦克尔博士在该报上激烈地攻击恩格斯及其《伍珀河谷来信》，认为这是"蓄意歪曲事实"和"进行人身攻击甚至撒谎"。对此，恩格斯在 1839 年 4 月 3 日—5 月 4 日之间写了《致埃尔伯费尔德的伦克尔博士先生》，用事实公开回应这些指责。

致埃尔伯费尔德的伦克尔博士先生①

埃尔伯费尔德 5 月 6 日。致埃尔伯费尔德的伦克尔博士先生。您在贵报激烈地攻击我和我的《伍珀河谷来信》。

① 《马克思恩格斯全集》第 2 卷，人民出版社 2005 年版，第 73 页。

您指责我蓄意歪曲事实、不了解情况，指责我进行人身攻
击甚至撒谎。您称我为青年德意志派，这我并不介意，因
为我既不同意您对青年文学的种种责难，也没有荣幸属于
青年文学。到目前为止我只是把您当作一位作家和政论家
来尊敬，并且在第二篇文章中表明了这一看法，而对您发
表在《莱茵音乐堂》的诗则故守缄默，因为我对这些诗实
在不敢恭维。可以指责任何一个作者蓄意歪曲事实，但这
通常都是当作者的叙述不符合读者的偏见时的习惯做法。
您为什么不指出哪怕一点歪曲事实的地方呢？说我不了解

◆ 恩格斯作的一幅漫画，描绘《伍珀河谷来信》在当地资产者中间遭到强烈的
反对

情况，这是我意料之中的事情，因为我知道，在缺乏更令人信服的论据时，这样的套话已经成了通用的言之无物的空话。我在伍珀河谷度过的时间大概比您多一倍；我在埃尔伯费尔德和巴门住过，并且有十分有利的条件去仔细观察各阶层的生活。

此时的恩格斯对其青年德意志的身份，已经处于一种暧昧的状态。可以说，他对伦克尔博士的反驳，就是一种变相的表明身份的回答。他说："您称我为青年德意志派，这我并不介意，因为我既不同意您对青年文学的种种责难，也没有荣幸属于青年文学。"

1839年4月8—9日，恩格斯再次写信给弗里德里希·格雷培，讨论当代文学，并极力赞颂了青年德意志：

> ……青年德意志的目标日益明确，这就是他们意识到的"时代观念"。这些本世纪的观念（奎纳和蒙特就是这样说的）并不像人们诬蔑的那样，是某种蛊惑人心的或反基督教的东西；它们建筑在每个人的天赋人权之上，并且涉及现代关系中同这种权利相矛盾的一切事物。这些观念

包括：首先是人民参与国家管理，也就是实行立宪制度；其次是犹太人的解放，取消一切宗教强制，取消一切门阀贵族，等等。①

可见，我应当成为青年德意志派，更确切地说，我已经是一个彻头彻尾的青年德意志派了。所有这些本世纪的观念使我夜不能寐，当我站在邮政局前，望着普鲁士国徽时，就浑身充满自由的精神；每当我拿起一份杂志阅读时，就感受到自由的进步。这些观念正在渗入我的诗篇，并且嘲弄那些头戴僧帽、身穿银鼬皮裘的蒙昧主义者。②

针对格雷培对他的奴性指责——臣服于青年德意志的裙角之下，恩格斯在1839年4月的一封复信中称，他的精神倾向与青年德意志之间没有本质的分歧，但这并不意味"屈从"，他只是真诚地"归附"青年德意志的自由精神。

总之，我的精神倾向于青年德意志，这并不会损害自由，因为这一个作家群体与浪漫派和蛊惑性的学派等等不同，它不是闭关自守的团体；相反，他们想要而且竭力使我们本世纪的观念——犹太人和奴隶的解放，普遍的立宪制以及其他的好思想——为德国人民所掌握。因为这些思想同我的精神倾向没有分歧，我何必要脱离它们呢？①

在 1839 年 5 月 24 日—6 月 15 日写给威廉·格雷培的书信里，恩格斯亲切地用第一人称，强调"归附"青年德意志已经是大势所趋。

现在我们通过青年德意志已经有了一个明确的、系统的流派：卡尔·倍克挺身而出，大声疾呼，号召同时代人来认识这个流派，并且归附这个流派。②

为了表示自己的真诚态度，他甚至在这封信的末尾，标注自己的签名为"你忠实的朋友 弗里德里希·恩格斯 青年德意志派"。

---

① 《马克思恩格斯全集》第 47 卷，人民出版社 2004 年版，第 170 页。
② 《马克思恩格斯全集》第 47 卷，人民出版社 2004 年版，第 178 页。

尽管恩格斯在这期间以青年德意志的身份进行文学创作，但是，他反对青年德意志文学中悲观厌世的作品，反感那些有关世界历史意义、犹太民族苦难的空洞词句，主张文学应顺应政治要求和时代精神。比如，他在《德国民间故事书》（1839年 10 月）中指出，民间故事书应具有三重使命：第一是能够使农民在繁重的劳动之余获得精神的愉悦；第二是使工匠的作坊和简陋的阁楼变成诗歌的世界；第三是使德国人民有明确的道德感，使他们意识到自己的力量、权利和自由，激发他们的勇气并唤起他们的爱国主义情怀。

在 1839 年 11 月初写作的《卡尔·倍克》一文中，恩格斯承认了德意志文学已经占据了德国文学界的"半边天下"，却同时指出"它有相当多的弱点"，其中之一就是诗歌中充满了悲伤厌世的主题和情绪。这类弱点的典型代表就是卡尔·倍克。

倍克先生就是以这样浮华的词句，怀着要求得到认可的愿望，跻身德国诗人行列的；他的目光流露出自命不凡的高傲神情，嘴角浮现出当前流行的悲伤厌世的表情。他就是这样把手伸向桂冠的。从那时起，两年过去了；这顶桂冠是否仍然宽容地遮盖着他前额上"神秘的皱纹"？①

在青年恩格斯看来，倍克将青年德意志的抒情诗推向了高潮，但也在《夜》《吞食法国人的人》等作品中，过度渲染"时髦的悲伤厌世"。

> 《夜》是一部混乱的诗集。一切都纷纭杂乱地交织在一起。描写常常是用笔大胆有如奇峰异石；虽然萌发出未来生活的幼芽，却是淹没在辞藻的海洋里；随处可见一朵花儿含苞欲放，一个岛屿开始出现，一片结晶层开始形成。但是，一切仍然是乱七八糟，杂乱无章。②

不仅如此，倍克的其他作品，比如《浪游诗人》《静静的歌》《失去的灵魂》等，还十分之平庸。对此，恩格斯评论道：

> 无论就深刻的思想，还是就诗意的发挥来看，作品都没有超出普通消遣文学的水平；想像力平庸，甚至不佳，

---

① 《马克思恩格斯全集》第 2 卷，人民出版社 2005 年版，第 95 页。
② 《马克思恩格斯全集》第 2 卷，人民出版社 2005 年版，第 97 页。

叙述一般。①

正因为恩格斯很快就发现了青年德意志的种种问题，所以，他前脚刚宣布自己归附青年德意志，后脚就否定了自己的这一选择。在青年德意志之外，他发现了施特劳斯派，开始以新的武器盾牌和盔甲来攻打神学。在 1839 年 10 月 8 日写给威廉·格雷培的信中，他称自己"目前是一个热心的施特劳斯派"，遵从施特劳斯的意志，并说"永别了，宗教信仰"②。

在施特劳斯的影响下，恩格斯逐渐脱掉了宗教信仰的"紧身衣"，并深入了解青年黑格尔的思想，试图寻找一种新的世界观来进行政治上的决斗。他决意转换路径，用先进的哲学思想武装头脑。慢慢地，他在政治上和思想上，与青年德意志派拉开了距离。

总体上看，青年恩格斯对青年德意志的评价始终是复杂的。青年文学生动具体、措辞锋利、色调丰富的现代风格，曾

---

① 《马克思恩格斯全集》第 2 卷，人民出版社 2005 年版，第 98 页。
② 《马克思恩格斯全集》第 47 卷，人民出版社 2004 年版，第 205 页。

深深地吸引着青年恩格斯。他称这种风格是"头戴玫瑰花环、手执刺死皮顿的标枪的年轻力壮的加尼米德"。① 不过，他并不喜欢青年德意志以论战的形式表达现代风格。他甚至认为，当代文学争论中最可耻的污点就是青年德意志作家之间的"狗咬狗事件"。

在恩格斯看来，文学迟早要回到年轻一代的手中，所以他希望青年德意志作家在相互比较和评价时，应勇敢地听从年轻一代的意见。他还认为，一种新的文学力量正在崛起，这将对青年德意志产生巨大的挑战。而这种力量，正是处于最新的、自由发展中的黑格尔学派以及所谓的年轻一代的联合。

在《齐格弗里特的故乡》一文中，恩格斯称赞齐格弗里特，认为这个英雄人物对德国青年具有深刻的意义。他号召德国青年，应该像齐格弗里特一样反抗传统的束缚，有所作为——"我们要走出去，跨入自由的天地，冲破谨小慎微的束缚，为夺取生活的桂冠，为有所作为而奋斗"。恩格斯强调，德国青年生活在"学校的监牢"里，谁妄图摆脱学校的严格纪律，谁

---

① 《马克思恩格斯全集》第 47 卷，人民出版社 2004 年版，第 207 页。

就会落入"本世纪的女神"即警察的怀抱。

　　恩格斯还借用恩斯特·莫里茨·阿恩特对德国青年的告诫，呼吁德国青年以更饱满的、旺盛的生命力，为德意志的世界历史而奋斗。恩格斯认为，通向真正自由的道路必须摆脱"德意志狂的死胡同"，还要避免陷入一种同宗教理性主义、博爱主义一致的"世界主义的自由主义"。他号召德国人民要勇敢地把外国人的荒诞不经的习俗和时髦风尚、一切多余的外国词汇，统统赶回它们的"老窝"去，号召德国人民不要做被外国人愚弄的傻瓜，号召德国人民要团结，形成统一的、不可分割的、强大的、自由的德意志民族。

　　1841 年 1—3 月中，恩格斯以弗里德里希·奥斯瓦尔德的笔名撰写了《伊默曼的〈回忆录〉》。在文中，他指出《回忆录》所描写的时代性格，就是青年人的性格。一旦文学界的老前辈都先后去世，年轻人必定会成为中流砥柱，注定掌握发言权。德国的未来比任何时候都需要正在成长的一代，需要他们勇往直前地解决日益突出的矛盾，而新的哲学将作为检验年轻人的试金石。正是在这里，他第一次把德国政治精神发展作为中心议题，高度重视德国在法国革命影响下出现的政治和精神领域的运动，尤为关注这些运动对法国革命成果所持的态度。

19 世纪 40 年代初，威廉四世企图建立一个类似于中世纪的基督教封建专制国家，广泛实行集权、高压政策，煽动宗教的狂热，导致愈演愈烈的社会矛盾。正所谓"中世纪的封建主义和路易十四的专制制度、罗马的教阶制度和上世纪的虔诚主义，相互争夺消灭自由思想的荣誉"①。

文学本应顺应时代、批判旧的思想，可是，彼时的德国文学艺术却出现了与教会和政治生活的反动现象同流合污的趋势，这是向过去几个世纪的"不知不觉的倒退"。曾经革命的青年德意志，现在开始坐在沙龙中空谈革命。恩格斯鄙夷这种政治软弱性和折中主义的倾向，反对空谈主义和中庸之道。

他发现，青年德意志的部分领袖是通过诗歌来迎合文学，但为了真正完成政治斗争的任务，就需要科学与生活、哲学与现代（政治）的紧密结合。因而，他不断强调白尔尼与黑格尔的相互渗透。

——————————

① 《马克思恩格斯全集》第 2 卷，人民出版社 2005 年版，第 107 页。

在青年黑格尔派崭露头角之时, 青年恩格斯开始以批判荣克的方式, 完成自身思想的反思和清理。他仔细研读了《德国现代文学讲义》, 指出荣克思想的三个问题。

> 青年德意志已经成为过去, 青年黑格尔派出现了; 施特劳斯、费尔巴哈、鲍威尔、《年鉴》引起了普遍的重视, 原则之间的斗争如火如荼, 这是一场你死我活的斗争, 基督教已岌岌可危, 政治运动遍及一切方面, 而善良的荣克还在天真地以为, "民族"除了急切等待谷兹科的新剧本、蒙特应诺的小说和劳伯老一套的离奇幻想而外, 就没有别的事好做。这时战斗的呐喊已经响彻整个德国, 有关新的原则的讨论就在荣克先生的眼皮底下进行, 而他还在闭门造车, 反复咀嚼"现代事物"这个概念。他足不出户, 两耳不闻窗外事, 整天泡在如今早已无人问津的书堆里, 并一心一意、有条有理地把个别事物归入黑格尔学说的范畴。①

荣克还强行将青年德意志与黑格尔思想混合在一起。恩格斯认为, 这一行为是极其可笑的:

---

① 《马克思恩格斯全集》第 2 卷, 人民出版社 2005 年版, 第 446 页。

还剩什么东西没有加在可怜的黑格尔头上啊！无神论，自我意识万能，革命性的国家理论，现在还要加上青年德意志。要知道，把黑格尔和这个集团扯在一起简直是可笑。①

荣克先生不要把黑格尔和青年德意志派混在一起，因为后者的实质恰恰是主观任性、奇思和怪想，而"现代个体"不过是黑格尔分子的别名而已。②

在混乱的时代局势下，恩格斯不再对青年德意志持有一种宽容的评价，他非常反感青年德意志作家在艺术上的肤浅以及在政治上的无能。这些作家们骄傲自大、自命不凡，将自己视为具有世界历史意义的人物，想要成为"文学上独一无二的神明"，在时代的巨轮中陷入了一种庸俗境地。

通过批评荣克的《德国现代文学讲义》，恩格斯间接批评了青年德意志代表人物的折中手段和中庸之道，批评他们缺乏

---

① 《马克思恩格斯全集》第 2 卷，人民出版社 2005 年版，第 446 页。
② 《马克思恩格斯全集》第 2 卷，人民出版社 2005 年版，第 448 页。

政治的积极性，批评他们在哲学争论中没有鲜明的观点，指责他们的文学作品缺乏思想性。和青年德意志的彻底决裂，正是恩格斯进一步迈向革命民主主义的积极表现。

不言而喻，青年恩格斯"倾心于"青年德意志的过程，既是对文学的热爱，也是对革命的憧憬。青年恩格斯与青年德意志的相交与分离，不过反映了青年恩格斯在拯救文学与解放社会之间进行曲折探索的过程。对文学的热爱，使他迅速锚定了青年德意志这一文学武器，但青年德意志暴露的种种弊端，却使青年恩格斯迅速转向青年黑格尔派，在哲学中寻求新的武器。凡此种种，不过是青年恩格斯寻求革命民主之路的一段旅程。

拓展阅读

[1]［丹］勃兰兑斯：《十九世纪的文学主流 VI：青年德意志》，高中甫译，人民文学出版社 1986 年版。

[2]［英］特雷尔·卡弗：《马克思与恩格斯：学术思想

关系》，姜海波、王贵贤等译，中国人民大学出版社 2016
年版。

[3]［英］戴维·麦克莱伦:《恩格斯传》，臧峰宇译，
中国人民大学出版社 2017 年版。

[4] 唐正东:《青年恩格斯哲学思想的形成与发展》，
上海人民出版社 2022 年版。

[5] 朱传棨:《恩格斯哲学思想研究论稿》，人民出版
社 2012 年版。

[6] 钱学敏、俞长彬:《不朽的青春》，湖南人民出版
社 1986 年版。

青年恩格斯的『橡树』与文学榜样白尔尼

◆ 卡尔·路德维希·白尔尼（1786—1837），德国政论家，革命民主主义者

━━ 编者按 ━━

　　路德维希·白尔尼 (Ludwig Börne, 1786—1837)，青年德意志派的代表作家，其声名在海涅等同时代德国文学大家的光辉之下显得黯淡无光。《巴黎来信》(*Briefe aus Paris*)，这部令白尔尼在 19 世纪 30 年代初获得声望的作品，如今看来似乎也没有体现出很高的文学水平，只因其中用肆无忌惮的语言表达了德国统一、自由主义等命题，迎合了当时德国民众的普遍愿望，从而引起一时轰动。对于这样一位并不很出彩的作家，恩格斯却出人意料地给予了很高的评价。白尔尼，一度在恩格斯的思想历程中占据极其重要的地位。

　　1839 年 4 月，青年恩格斯第一次提到"白尔尼"这个名字：

　　海涅和白尔尼早在七月革命以前就已经形成自己独立的风格，但是到现在才赢得声望，善于利用各族人民的文

学和生活的新一代就是依靠了他们……①

当论述作为"修辞学的理想"的现代风格时，恩格斯极力地赞赏白尔尼：

> 啊！白尔尼写作的风格高超绝伦。《吞食法国人的人门采尔》是德国首屈一指的以这种风格写成的作品，同时又是第一部以彻底毁灭一个作者为己任的作品……现代风格包括了文风的全部优点：言简意赅，一语中的，同长长的、平铺直叙的描写相互交织；朴实无华的语言同闪闪发光的形象和迸发出耀眼火花的妙语相互交织。②

恩格斯深深地折服于白尔尼所显露的敏锐而深刻的洞察力，以及字里行间充斥的自由思想、时代精神，所以他把白尔尼与启蒙运动时期的莱辛相提并论。他认为白尔尼是一位"为自由和权利而斗争的伟大战士"，具有"坚定而犀利的自由思想，像岩石一样比比皆是"，他"看见并洞察了一切，包括贯

---

① 《马克思恩格斯全集》第 47 卷，人民出版社 2004 年版，第 134 页。
② 《马克思恩格斯全集》第 47 卷，人民出版社 2004 年版，第 207 页。

穿于情节之中的最内在的东西","在各方面都显出是一个伟人",《戏剧丛谈》"这两卷书已足以保证白尔尼能同莱辛并驾齐驱"①。

白尔尼以凝练的文字针砭时弊,以精确的文风表达了革命的自由主义精神,成为青年恩格斯成长道路上的指路明灯。在1840年所作的诗歌《傍晚》里,恩格斯用小鸟和橡树的比喻,形容自己和白尔尼的关系:

> 我也是自由歌手中的一员,
> 白尔尼就像那株橡树一样,
> 一旦压迫者给德国紧紧地套上镣铐,
> 我就会一跃而登上橡树的枝条。
> 勇敢的鸟儿翱翔在自由的云霄,
> 是的,我就是它们中间的一只小鸟,
> 即使只当一只麻雀,我也绝不计较;
> 我宁肯在它们中间当一只麻雀,
> 也不愿做一只夜莺在笼中鸣叫,

---

① 《马克思恩格斯全集》第47卷,人民出版社2004年版,第177—178页。

用自己的歌声为王公大人效劳。①

正是白尔尼坚定而激进的创作立场深深地影响了恩格斯，使这位青年人从文学领域转向社会政治领域，并形成了自己的政治理想。不过，如果只是这样的话，白尔尼在恩格斯的思想历程中还不至于那么重要，而会如同青年德意志一样，随着恩格斯政治思想的成熟而被彻底清算。这就是令人奇怪之处：即便在恩格斯已经决心拥抱青年黑格尔派、转向哲学研究的时候，白尔尼在他心中的地位仍未动摇分毫。恩格斯在《评亚历山大·荣克的〈德国现代文学讲义〉》中这样评价白尔尼，他"作为一个人物，是德国历史上独一无二的现象"，"德国自由的旗手"，"德国当代惟一的男子汉"，"新时代的施洗者约翰"②。

究竟是什么原因让白尔尼在青年恩格斯的心目中有如此独特而崇高的地位呢？路德维希·白尔尼，原名列夫·巴鲁赫，1786 年出生于美因河畔的法兰克福——这里也是歌德的故乡。不同于身为富家子弟、父亲在皇室任顾问的歌德，白尔尼出生

① 《马克思恩格斯全集》第 2 卷，人民出版社 2005 年版，第 161—162 页。
② 《马克思恩格斯全集》第 2 卷，人民出版社 2005 年版，第 451 页。

并成长于有着种族隔离性质的法兰克福犹太巷。

> 所有犹太人都被迫居住在窄小、寒酸而拥挤的犹太巷里。

> 天一黑,犹太区的所有居民都把自己关在了屋里。当白天他们在马路上或壁垒周围散步时,从来不能走上人行道,而只能在车道上。当任何一个过路人对他们喊道:"躲开,犹太猪!"时,他们就必须脱下帽子躬身致礼。为了阻止他们过多地生育,在一年之内只允许他们有十四对男女结婚。①

幼时的白尔尼,不仅要忍受社会对犹太人的种种限制,还要面对严厉的家庭环境。母亲很少关心他,父亲将他所能接受的教育严格限制在古犹太书籍、《圣经》、祈祷书和法典的范围之内,并拒绝了他思想上和行动上所有自由的要求,就连家里那个年老骄横的女仆也时常和他发生争吵。压抑的成长环境,

---

① [丹] 勃兰兑斯:《十九世纪文学主流 VI:青年德意志》,高中甫译,人民出版社 1986 年版,第 41 页。

助长了白尔尼的反叛性格。

　　大学期间，白尔尼起初攻读医学，但对这一专业既无天赋也无兴趣，只是因为宗教信仰的缘故无法选择其他专业。随着1811年法兰克福犹太区花钱换取了完全的公民权利，他才顺理成章地放弃学医，转而攻读政治和法律，并在1808年取得了哲学博士。博士毕业后，他在父亲的帮助下谋取了一份在法兰克福警察局的录事职位，主要负责签发护照。与此同时，他以一种沙文主义式的爱国狂热，在本地一家日报撰稿，反对拿破仑的统治。然而，解放战争在推翻拿破仑统治的同时也取消了犹太人的公民权，白尔尼的职务被剥夺了。后来，他自办了一本几乎是由他一人撰稿的《天平》杂志。真正为白尔尼赢得声望的，是19世纪30年代他居留巴黎期间所写的《巴黎来信》。这些书信所反映的强烈的自由主义思想和对德国统一的呼唤，迎合了当时德意志自由主义者和民族主义者的愿望。

　　1837年，白尔尼病逝于巴黎。在他去世一年多后，年轻的恩格斯来到不来梅，接触到许多为当局所查禁的著作——这其中就包括白尔尼的作品。用现在流行的话来说，"命运的齿轮开始转动"。

要知道，这时的恩格斯，一个 19 岁、锐意进取而充满反叛精神的少年人，对自己的文学梦产生了深刻的怀疑。他在一封写给弗里德里希·格雷培和威廉·格雷培的书信里，清楚地表达了这种情绪。

> 我对自己的诗和创作诗的能力，日益感到绝望，特别是读了歌德的《向青年诗人进一言》等两篇文章之后更是如此，文章把我这样的人刻画得真是惟妙惟肖；这两篇文章让我明白，我所写的这种押韵的玩意儿对艺术毫无价值……①

歌德——这位文坛名宿与宽厚长者的告诫，对青年恩格斯而言犹如当头棒喝。歌德明明白白地指出，能用一定的修辞表达自己的观点想法并不值得称赞，年轻的作家们应退回到自己的生活体验中，不要被大而无当的题材牵着鼻子走：

> 宣布自己是自由的，是一种巨大狂妄，因为同时也必须宣布，应当克制自己……你们写每一首诗的时候都要问

---

① 《马克思恩格斯全集》第 47 卷，人民出版社 2004 年版，第 95 页。

自己，它是否包含生活体验，这种体验是不是曾对你们起着促进作用。①

青年恩格斯发现，在评论青年德意志的作品充满着伤春悲秋、世界历史的大话、陈腐不堪的空泛词句时，他自己在追求时代精神时也陷入了空谈！歌德的告诫是一面镜子，让恩格斯感受到自己文学创作的先天不足，而这些不足难以在文学领域内部得到弥补。青年恩格斯借诗歌《咏印刷术的发明》叹道：

> 啊，自由，自由！
> 你这甜蜜的字眼一旦响起，
> 我就心潮起伏，豪情满腔，
> 我的心浸透了你的精神，
> 你那神圣的激情充满我的胸膛，
> 我的心展开火焰般的翅膀，
> 扶摇直上，在云间翱翔。
> 平凡的人们，
> 你们在哪里倾听我的歌唱？

---

① 《歌德文集》第 10 卷，人民文学出版社 1999 年版，第 405 页。

我在云端向下遥望，

看到命运的牢狱已将铁门开敞，

看到时代的迷雾已经一扫而光，

——未来就在眼前，毫无遮挡！

我清楚地看到，

地球从此不再是那副可悲的模样，

这里将不再有虚荣、战争和残暴的勾当。①

　　恩格斯创作于 1839 年初的这首诗，仍然只是辞藻的堆砌、华美的套话，在神话的、诗性的语言的包装之下缺乏切实的内容。自由究竟是什么呢？未来究竟是怎样的呢？年轻的恩格斯没有给出答案，只是以赞美诗的形式抒发自己的激情。

　　白尔尼，则为恩格斯提供了一条通向实际的道路。他以思想中强烈的破坏倾向告诉恩格斯，形式上的完备性对文学创作而言是次要的，最重要的是你所写下的文字传递了怎样的道德理想，以及以什么样的态度表达对现实的关切。

---

① 《马克思恩格斯全集》第 2 卷，人民出版社 2005 年版，第 36—37 页。

席勒的名剧《威廉·退尔》通过瑞士民间英雄传说的演绎，歌颂了瑞士人民反抗奥地利帝国暴政、争取独立与自由的斗争。剧中主角威廉·退尔，拒绝向奥地利统治者的帽子鞠躬，最后更是一箭射死了总督，自然是一个响当当的英雄好汉。但在白尔尼眼里，退尔只是一个十足的市侩，一个伟大的庸人，一个良民，一个忠厚的父亲和丈夫。

白尔尼是在否定席勒——这位伟大诗人的文学才能吗？当然不是。对于这部戏剧在文学领域的高度，白尔尼的意见很清楚："《威廉·退尔》仍然是德国人拥有的最好的戏剧之一。"然而，他强调，时代缺少的不是好的文学作品，而是在作品中展露高尚的精神和道德理想，这正是《威廉·退尔》的最大缺点。在席勒的笔下，当退尔不向总督竖起的帽子行礼时，这完全不构成自由崇高的蔑视，只是庸人站不住脚的自傲罢了。

恩格斯十分赞同白尔尼的观点，后者的《论席勒剧作中威廉·退尔的性格》一文在他看来入木三分，论点无懈可击：

> 白尔尼看见并洞察了一切，包括贯穿于情节之中的最内在的东西。最出色的是他的那些评论，评席勒的《退

尔》——这是一篇与通行的观点相反而 20 多年来未被驳倒的文章，恰恰因为它是不可辩驳的。①

为此，恩格斯还与友人打赌："你看看，如果你能驳倒白尔尼论述席勒的《退尔》的文章，我就把我翻译雪莱的作品所能得到的稿酬全都给你。"②

所谓"贯穿于情节之中的最内在的东西"，就是白尔尼在超越文学形式之上的思想倾向。基于同样的理由，白尔尼除了批评席勒，还对青年德意志的另一位作家——海涅进行了讽刺与嘲弄。

在写于 1833 年 2 月 25

◆ 亨利希·海涅（1797—1856），德国诗人，革命民主主义者

---

① 《马克思恩格斯全集》第 47 卷，人民出版社 2004 年版，第 177 页。
② 《马克思恩格斯全集》第 47 卷，人民出版社 2004 年版，第 200 页。

日的一封信中，白尔尼从海涅的《法国现状》等文本出发，批评后者没有政治品格和坚定的政治立场：

> 如果他（编者注：海涅）在他的书中颂扬专制主义的神圣尊严，那是因为除了尝试最疯狂的演讲之外，他没有别的事情可做，不是因为他像他说的那样在政治上是纯洁的；是因为他想要保持一口清新的口气，他可能在他写这篇文章的那天，看到了一位德国自由主义者吃着酸菜和香肠。[①]

海涅固然常常在诗作中讴歌自由，但这种对抽象自由的渴望一旦落到现实情境就褪色了。海涅，这位伟大的革命诗人的政治激情停留在对中世纪社会和信仰的反对，以及渴望天才的统治者。

> 我敬重的不是人的作为，而只是人的天才，不论他是亚历山大，凯撒或是拿破仑。我只是在雾月十八日——当

---

① Börne, Ludwig, "Hundertneunter Brief", in *Briefe aus Paris*, Bd. 6, Paris, 1834, p. 139.

时他出卖了自由——以前无条件地热爱他。①

海涅对抽象形式的痴迷，体现为政治上的摇摆不定。他常常抒发极端的过激主义、鲜明的革命情绪，却又试图与雅各宾分子、共和主义等划清界限。海涅一面坚守着革命原则，另一面又将这些原则让位于晦涩不明的文学性表达——这恰恰是白尔尼所不能容忍的。

白尔尼从来不认为艺术有如此高的独立性，以至于艺术本身可以作为创作的终极目的。他认为，艺术形式是次要的，必须服务于对现实政治与道德理想的表达。当然，这种想法使白尔尼在文学上有所欠缺，其作品在百年后终无人问津。即便如此，对于同时代的恩格斯而言，白尔尼笔下坚定而鲜明的自由主义倾向以及表现这种倾向的批判语句深深地吸引了他。面对白尔尼和海涅的争端，恩格斯毫不犹豫地站在了白尔尼这边："说实在的，这家伙（编者注：海涅）早就变成一个不正派的人了"②；"海涅评论白尔尼的书是历来最不像样的德文书"③。

① 《海涅文集》游记卷，人民文学出版社 2002 年版，第 261 页。
② 《马克思恩格斯全集》第 47 卷，人民出版社 2004 年版，第 198 页。
③ 《马克思恩格斯全集》第 2 卷，人民出版社 2005 年版，第 454 页。

按照白尔尼的逻辑，既然审美只是文学创作的次要因素，那么，为了表达思想而写出的作品是否具有严格的文学形式已经不重要了。重要的是文字背后的思想和立场，这就是所谓的"质胜于华"。此后，恩格斯一直持有这样的文学观：

> 如果一部具有社会主义倾向的小说，通过对现实关系的真实描写，来打破关于这些关系的流行的传统幻想，动摇资产阶级世界的乐观主义，不可避免地引起对于现存事物的永恒性的怀疑，那么，即使作者没有直接提出任何解决办法，甚至有时并没有明确地表明自己的立场，我认为这部小说也完全完成了自己的使命。①

之前还沉湎于对自身文学才能的失望之中，此时的恩格斯则意识到，他大可以通过别的体裁来倾吐自己对时代的激情。关键不在于创作的形式，而在于什么才能安抚心灵的纷扰，在于"使激情燃成熊熊的火焰"的伟大思想。在他创作的悲喜剧《刀枪不入的齐格弗里特》中，恩格斯借主人公之口，表达了自己对时代精神、对勇敢思想的不懈追求：

---

① 《马克思恩格斯文集》第 10 卷，人民出版社 2009 年版，第 545 页。

我要的只是勇敢的思想！

汹涌的山间激流飞泻而下，

独自喧腾地穿越林间沟壑，

云杉在它面前轰然倒下，

它就这样独自开拓前进的道路。

我愿像这股山间激流，

安全独立地为自己开辟道路。①

如此一来，恩格斯从文学向哲学的转向就顺理成章了。他自己也明确承认，追随白尔尼成为一段连接自己从"文艺青年"到"哲学青年"的桥梁：

如果没有白尔尼的直接和间接的影响，从黑格尔学派中产生出来的自由派的形成就会更加困难。现在的问题只在廓清黑格尔和白尔尼之间被掩埋的思想道路，而且这并不困难。这两个人之间的距离比表面上所看到的要近一些……白尔尼这种观点——这种观点由黑格尔更加广阔的观点作了补充，而且同黑格尔这些观点往往一致得极为

---

① 《马克思恩格斯全集》第 47 卷，人民出版社 2004 年版，第 148—149 页。

惊人……①

◆ ——————— ◆

拓展阅读

[1]［丹］勃兰兑斯:《十九世纪文学主流 VI : 青年德意志》，高中甫译，人民出版社 1986 年版。

[2] 张永清:《马克思主义批评理论的当代阐释》，浙江工商大学出版社 2002 年版。

[3]［苏］马利宁、［苏］申卡鲁克:《黑格尔左派批判分析》，曾盛林译，社会科学文献出版社 1987 年版。

---

① 《马克思恩格斯全集》第 2 卷，人民出版社 2005 年版，第 450—451 页。

从不来梅的通讯员到曼彻斯特的『司令』

◆ 19 世纪 40 年代的曼彻斯特

> **┌── 编者按 ──┐**
>
> 　　从青少年时代起，恩格斯就表现出浓厚的军事兴趣，不仅广泛地阅读战争史，还经常运用战争方面的意象进行文学创作。在不来梅期间，他担任多家刊物的通讯员，以笔为矛，热衷于讨论军事和战争问题。这份特殊的军事兴趣，驱使年轻的恩格斯在结束不来梅的商业历练后，就远赴柏林炮兵营服兵役。而这段特殊的军旅生活，不仅使恩格斯直接参与了军事实践，还学习到专业的军事知识。1849 年，他更是毅然决然地参加了巴登革命军，前前后后参与了四次战役。从实践到理论的不断蜕变，使恩格斯最终从不来梅的小小通讯员，成长为马克思口中坐镇"曼彻斯特陆军部"的"司令"。

　　父命难违，年仅 18 岁的恩格斯辍学来到不来梅开始学习经商。年轻的恩格斯虽身在此处，但志不在此。他热爱文学，广泛阅读，写作诗歌时擅长引经据典，游刃有余地使用"战争的意象"，对历史上发生的战争表现出浓厚的兴趣。

在早期恩格斯的诗歌和文章中，我们可以看到一些神话战争场面：

> 东方的国王杀向西方的大公，北方又是格斗者的一片厮杀声，接着大海的公爵又起来反对东方诸国，于是一场人类空前的大决战就在他的城郊爆发了……终于从天上降下7个神灵。第一个神灵身穿长礼服，胡子垂到胸前。他们称他浮士德。第二个神灵的秃顶周围长着一圈白发，喊着："哀哉，哀哉，哀哉！"他们叫他李尔。第三个神灵身材高大，看样子威武有力，他的名字叫华伦斯坦。第四个神灵像亚衲族人的后裔，拿着一根黎巴嫩雪松般的大棒，他们叫他海格立斯。第五个神灵浑身如铁打钢铸，他的名字写在他的前额上：齐格弗里特。和他并行的是个强壮的勇士，他的宝剑犹如闪电闪闪发光，这是第六个神灵，叫罗兰。第七个神灵把系在剑梢上的头巾当作旗帜在头上挥舞，旗帜上写着：我叫熙德。①

在16岁所写的《海盗的故事》里，恩格斯对于各种武器

---

① 《马克思恩格斯全集》第47卷，人民出版社2004年版，第126—127页。

以及激烈交火的战斗场面有着详尽的描写：

> 他们首先进了装备舱，那里挂着各种各样的华丽服装，水手的紧身短夹克、肥大的男式长袍、高筒礼帽、希腊式小帽、宽大的穆斯林头巾、瘦窄的法兰克裤、肥大的土耳其灯笼裤、波斯花纹背心、匈牙利骠骑兵短上衣、俄罗斯皮袄——这一切都杂乱地堆在几个大柜里。墙上挂满了各国的武器，从袖珍手枪到笨重的三筒毛瑟枪，应有尽有；各种各样的刀剑：大马士革刀、西班牙佩剑、日耳曼宽剑、意大利匕首、月牙式土耳其军刀，它们都经过仔细分类挂在恰当的地方。角落里还放着标枪的枪架，因此舱房内所有的空间都被利用了。他们来到弹药库，那里摆着8只各装100磅火药的大桶，4只各装10磅火药的小桶；还有3只桶装着炸弹，两个更大的桶里装着手榴弹。墙边的柜里摆满了坛坛罐罐，里面除火药外还有铅块，石头和铁块。……①

在《咏印刷术的发明》一诗中，他同样用到了战争的意象：

---

① 《马克思恩格斯全集》第2卷，人民出版社2005年版，第9页。

他也许还活在人世，

但他的权力大厦已经渐渐倾圮，

总有一天要轰然坍塌，化为废墟。

如今在高山之巅，

有一座坚固的塔楼矗立在危崖之上，

那些参加战争的人们，

在塔楼里安置了固定的营房，

他们窃夺了权力，统治着这片山岗，

他们将高声呐喊，从这里冲向战场；

到那时，塔楼会被人遗忘，

它将在山林中孑然而立，寂寞凄凉。[①]

　　在不来梅，恩格斯不仅是商行的办事员，还是多家报社的通讯员。他对军事问题似乎有着与生俱来的敏感，不论在通讯还是家书中，都多次提及不来梅附近发生的军事演习。

　　有意思的是，他从不是驻足而观的旁观者，对于不同的演习性质，总保有自己的看法。刚到不来梅不久，他在与玛利

---

① 《马克思恩格斯全集》第2卷，人民出版社2005年版，第32页。

亚·恩格斯的信中，就提到了法尔肯贝格的演习，并表示这一演习只是表演性质的阅兵仪式。这说明，他没有被花里胡哨的军事演习迷住双眼，反而对表演性质的演习兵团表达了嘲讽。在他看来，这种阅兵全然是空有其表，取悦贵族，没有任何实际意义。所以，他戏称那些士兵为"懒汉"，其佩戴的皮刀鞘为"肥鳗"，还打趣他们若是换上真刀，指不定就要互相穿帮了。

当然，恩格斯的讥讽，并不意味着他对军事活动有偏见。虽然他对阅兵表演的作秀行为表示不屑，但对真刀真枪的军事演习依然饶有兴趣，并且，对士兵的骁勇善战保有尊敬，对军旅生活充满幻想。在《不来梅通讯》上，他以通讯稿的形式，记录了发生在不来梅附近的一场军事演习：

> 据说，我们的部队在演习攻占一个据点时表现勇猛，所有房屋的玻璃都被猛烈的炮火震碎了。不来梅人高兴的是他们有了新的娱乐场所。他们成群结队出城去观看这种有趣的场面，在饮酒和歌声中度过平生最欢乐的夜晚，而他们的儿子和兄弟们却在值勤站岗。①

---

① 《马克思恩格斯全集》第2卷，人民出版社2005年版，第254页。

◆ 当年位于柏林库普弗格拉本广场的近卫炮兵旅兵营，恩格斯曾在这里服役

　　轻快的言语诉说着青年恩格斯对军队的称赞，对军事的兴趣以及对军队生活的好奇。这就不难理解，为何恩格斯在结束不来梅之行后，便前往柏林炮兵营服兵役一年。

　　当然，青年恩格斯与军事的结缘，更多来自他的政治志趣和少年时代就养成的阅读兴趣。

　　不来梅时期，青年恩格斯在文学上青睐青年德意志的作品，在政治上则具有自由主义倾向。在《德意志电讯》上发表的文章《恩斯特·莫里茨·阿恩特》中，他从老阿恩特的为人、思想等方面说起，谈起了目前德国对于法国的复杂心理，既对当时德国主流无条件仇视法国的"德意志狂"倾向表示明确的反对，又补充说明了对任何谄媚式同情的不赞同。令人惊讶的是，年仅 19 岁的恩格斯对于当时德国国内的自由主义思想已经有了严肃的思考，对国际政治形势的分析称得上头头是道，对法国的态度并不偏颇。

老阿恩特就像传说中忠实的埃卡尔特一样，站在莱茵河畔告诫那些德国青年，他们多年来凝神观望着法国维纳斯山以及从山顶上向他们招手的热情迷人的女郎——思想。但是，狂放的青年并不理睬这位老勇士的告诫，一味向那座高山飞奔而去，而且，他们没有像海涅笔下的新汤豪塞那样，筋疲力尽，卧倒不起。

这就是阿恩特对待当今德国青年的态度。尽管他在青年中享有崇高的威望，但他对于德国生活的理想却不能使他们感到满足；他们向往更多的行动自由，更饱满、更旺盛的生命力，希望那流淌着德意志心血的世界历史大动脉有更猛烈的搏动。由此他们产生了对法国的同情，自然，不是对法国人胡编的那种惟命是从的同情，而是一种更高尚、更自由的同情，白尔尼在《吞食法国人的人》一书中曾经对比德意志民族的片面性，绝妙地阐述了这种同情的性质。[1]

恩格斯在对阿恩特的种种行为与思想表达敬意的同时，明确指出了在时代的滚滚车轮下，法律制度已经替代了过去君王与民众的模糊社会关系：

> 统治者和被统治者之间首先必须在法律上有一种井然有序的关系。然后才能确立并且保持亲善的关系。首先是法律，尔后才是公道！[2]

在他看来，新时代的德意志青年不会满足现状，必然要对根深蒂固的等级制度发起反抗。他写道：

> 我们仍然坚持我们的要求：废除一切等级，建立一个伟大的、统一的、平等的公民国家！[3]

鲜活的文字流淌着强烈的革命性。这种革命性似乎是一种

---

[1] 《马克思恩格斯全集》第 2 卷，人民出版社 2005 年版，第 265 页。
[2] 《马克思恩格斯全集》第 2 卷，人民出版社 2005 年版，第 274 页。
[3] 《马克思恩格斯全集》第 2 卷，人民出版社 2005 年版，第 277 页。

叛逆，但恩格斯的叛逆并不是离经叛道的荒谬，更像是一种铁骨铮铮的反抗。他反抗虔诚主义家庭教育所灌注的宗教信仰，批判资本家施加于工人的习以为常的剥削，对抗中学辍学下海经商的无奈。

恩格斯对民族主义的否定，并不代表他对法国的妥协。当谈及德法两国关于莱茵河的归属问题时，他毫不客气地认为：

> 对于我们来说，收复讲德语的莱茵河左岸，事关民族荣誉……难道我们应当拿我们最好的省份的德意志民族性去换取法国的友谊吗？难道我们应当容忍被占领将近100年之久，而占领者又不能同化他们所占领的一切这种状态吗？……

> ……毫无疑问，我们必须同法国再较量一番，那时就会看出，究竟谁有资格得到莱茵河左岸。……只要我们的祖国处在分裂状态，我们在政治上就等于零，社会生活、完善的立宪制度、新闻出版自由以及我们所要求的其他一切都不过是一些无法实现的虔诚的愿望而已。[1]

---

[1] 《马克思恩格斯全集》第2卷，人民出版社2005年版，第280—281页。

他对军事问题的态度是理性的，既不是无条件地诉诸暴力，也不是一味地逃避战争，而是将暴力作为必要的工具。对于阿恩特向拿破仑统治发起的反抗，恩格斯表示了充分的赞扬与肯定："我们德国人应当念念不忘那个时代的战斗，从而使我们沉睡的人民意识振奋起来。"① 该积蓄力量时，就该养精蓄锐；该诉诸暴力时，也不会有半点让步。

恩格斯在赞美阿恩特拥有钢铁般的意志和严格的自我教育的同时，对当时德国青年矫揉造作、躲避兵役的行径嗤之以鼻。他嘲笑道：

> 青年人像狂犬一样害怕冷水，觉得稍微有点凉，便穿上三四层衣服，还以体弱免服兵役为荣，好一个祖国的中流砥柱！②

事实上，恩格斯绝不是纸上谈兵的赵括，他以实际行动与当时娇生惯养的德国青年划清了界限。仅仅一年后，恩格斯还

---

① 《马克思恩格斯全集》第 2 卷，人民出版社 2005 年版，第 268 页。
② 《马克思恩格斯全集》第 2 卷，人民出版社 2005 年版，第 267 页。

没等到 1842 年的新年，便前往柏林炮兵营服兵役，开始体验军旅生活。1849 年，恩格斯还毅然参加了巴登革命军，前前后后参与了 4 次战役，这样的经历即使在革命者中间都是极为少见的。

初出茅庐的恩格斯对军营中的一切感到新奇，一时还不能完全适应军队生活。服兵役没多久，他便在与妹妹玛利亚·恩格斯的信中称：

> 昨天我得了大炮寒热病。事情是这样的：整个早晨我都感到很不舒服，觉得身体有点支持不住，随后我被叫去操练，在大炮旁边差点昏过去，后来我只好离开，午后可怕的寒热病便发作了。①

他还自嘲道："如果你看到我身穿军服，手持又粗又长的大炮通条站在发射 6 磅重炮弹的大炮旁边围着炮车轮子转，我想你会笑痛肚子的。"②

---

① 《马克思恩格斯全集》第 47 卷，人民出版社 2004 年版，第 290 页。
② 《马克思恩格斯全集》第 47 卷，人民出版社 2004 年版，第 291 页。

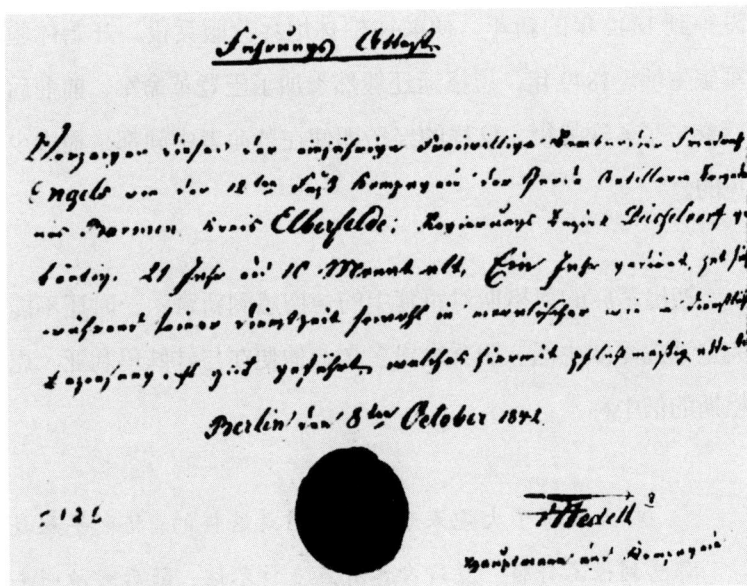

◆ 恩格斯服役期间的品行证书

　　即便如此，他也始终为自己的士兵身份感到自豪，对自己的制服赞不绝口。在一封封家信中，他这样写道："我的军服很漂亮：它是蓝色的，衣领是黑色镶两道黄色宽条，袖口是黑色镶黄条，上衣下摆镶着红条"，"这套军服穿起来给人一种很有气派的印象"[1]；"我当上炮手已经 4 个星期了，可能你还不知

——————————

① 《马克思恩格斯全集》第 47 卷，人民出版社 2004 年版，第 291 页。

道，我现在穿的制服镶着金边和金带，衣领是蓝色镶红边"①。制服的变化，见证了恩格斯从一个搬运炮弹都费劲的新兵跃升成为一名光荣的炮手。

在军营中，年轻的恩格斯不只是个勤学好练的"乖孩子"，时不时会在信中与自己的妹妹"吐槽"几句：

> 你在信里可以看到我穿着制服的样子。我披上军大衣，有一副浪漫的神气活现的派头，然而很不符合条例规定。如果我就这样走在街上，那我随时都有被关禁闭的危险，

◆ 1842 年恩格斯穿军装的自画像

这可不是愉快的事情。因为我如果在街上走，制服上哪怕

---

① 《马克思恩格斯全集》第 47 卷，人民出版社 2004 年版，第 296 页。

只有一个纽扣或只有一个风纪扣没有扣好，任何一个军官或士官都可以关我禁闭。你看，当个士兵，即使在和平时期也是很危险的。①

恩格斯是一位合格的士兵，同时也保有年轻人的活跃思维，不会对军营中一切安排照单全收。他会对值班时的风吹雨淋暗暗叫苦："这个星期在我为祖国值勤的时候，肯定已经有四次浑身湿透：两次被雨淋透，两次是，委婉一点说，被汗水浸透。"② 他也会为取消形式主义的阅兵表演而暗自窃喜：

> 今天我可以告诉你一个令人高兴的消息：明天我们的阅兵式大概不会举行了，因为国王陛下要驾临波茨坦和勃兰登堡。这使我感到很高兴，因为我对明天要在讨厌的宫廷广场走来走去毫无兴趣。但愿我们能因此而躲过阅兵式。③

正是这段服兵役的经历，让恩格斯对于军事理论产生了更

---

① 《马克思恩格斯全集》第 47 卷，人民出版社 2004 年版，第 293 页。
② 《马克思恩格斯全集》第 47 卷，人民出版社 2004 年版，第 300 页。
③ 《马克思恩格斯全集》第 47 卷，人民出版社 2004 年版，第 295 页。

深厚的兴趣，加深了革命的实践精神。即使在共产主义者群体，恩格斯的革命斗志和亲身参与革命运动的次数都是数一数二的。在写给燕妮的一封信中，恩格斯骄傲地说道："在所有的民主派先生当中，除了我和金克尔，没有一个人参加过战斗。"[1] 1849年期间，恩格斯本可以坐在编辑室里，当个高谈阔论的评论家，但他却选择成为革命军的一员，奔赴巴登革命运动。

> 在凯撒斯劳滕，我本来没有参加任何所谓的革命活动；但是当普鲁士人到来时，我就情不自禁地参加了战斗。维利希是惟一有些才干的军官，于是我就到他那里去，做了他的副官。我参加了四次战斗，其中有两次，特别是拉施塔特会战，是相当重要的；我发现，备受赞扬的冲锋陷阵的勇敢是人们能够具备的最平常的品质。子弹飞鸣简直是微不足道的事情；在整个战役中，虽然有不少胆怯行为，但我并没有看到有多少人在战斗中畏缩不前。[2]

毫无疑问，柏林在当时的德国是一座思想最自由、知识最

---

[1] 《马克思恩格斯全集》第48卷，人民出版社2007年版，第81页。
[2] 《马克思恩格斯全集》第48卷，人民出版社2007年版，第80页。

◆ 1840 年前后的柏林大学

先进的城市之一。在柏林的这一年时间里，恩格斯除了待在军营中，还前往柏林大学去旁听学习。这种特殊的学习经历，对恩格斯军事思想的形成也产生了重要的影响。从实际功能出发、以物质基础为起点的思考模式，使其军事思想一开始就与众不同。

在柏林期间，恩格斯除了遇到谢林、马尔海奈凯等当时德国的学者，还接触到国民经济科学。冯·亨宁教授在关于普鲁士财政制度的公开报告上，谈及普鲁士是第一个将亚当·斯密的政治经济学运用到实际的国家，其财政基础完全是建立于

"最新的国民经济科学"的基础之上。在英法还深陷旧的垄断制度的时候，普鲁士已经肯定了自由贸易和工业自由，废除了垄断与禁止性关税。不仅如此，他还敏锐地指出当时德国保守派对于进步与历史的错误理解：

> 可惜，总是有一些顽固的老家伙，他们出于狭隘性和阴沉心理，挑剔新事物，责备它们不是顺应历史而产生的，而是从抽象理论中不切实际地强行臆造出来的。①

恩格斯虽然中学尚未毕业就去学习经商，没有经过大学专业的学术训练，但是，平时的阅读积累和作为旁听生的学习经验，为其之后的政治经济学研究提供了点点星火，也使得他在军事方面不局限于分析战术、武器等硬件设施对军队建设的影响。恩格斯对经济因素的重视，在其晚年论述中也有所体现。比如在《反杜林论》的"暴力论"一章中，他认为经济力量是军事中至关重要的因素，其直接决定了军事水平。

在1845年2月8日的演说中，恩格斯提出了废除常备军

---

① 《马克思恩格斯全集》第2卷，人民出版社2005年版，第428页。

的想法：

> 常备军是现代社会必不可少的耗费最大的设施之一，它夺走了一个国家中最强壮、最必需的那部分居民，使这部分居民不能从事生产，使国家不得不供养他们。①

随即，他是这样描述共产主义社会的：

> 共产主义社会十分明白，战争只会使它损失人员和资本，而它取得的至多只能是几个怨声载道、因而也只会破坏社会秩序的省份。……自卫也不需要常备军，因为要使每一个适于作战的社会成员，为了保卫国家而不是为了参加检阅，在自己的本行职业之外学会掌握武器，是一件容易的事情。②

此时的恩格斯主要是从劳动生产的经济角度谈论军事常备军问题。出于演讲的需要，他对于军事常备军的思考具有一定的理想主义色彩。与此同时，恩格斯明确肯定了共产主义军队

---

① 《马克思恩格斯全集》第 2 卷，人民出版社 1957 年版，第 609 页。
② 《马克思恩格斯全集》第 2 卷，人民出版社 1957 年版，第 609 页。

097 _____ 从不来梅的通讯员到曼彻斯特的"司令"

将拥有强大的力量：

> 在 1792 年到 1799 年这个时期革命军队，即仅仅为了
> 一种幻想、为了想像的祖国而战的军队因情绪激昂而作
> 出了怎样的奇迹，你们就会明白，不是为了幻想、而是
> 为了一个实在的可以捉摸的目标而战的军队将具有什么
> 样的力量。[1]

一个星期后，恩格斯迎来了另一场演讲。这次演讲主要是
为了说明"共产主义对德国说来即使没有历史的必然性，至少
也有经济上的必然性"[2]。他指出："社会革命完全不同于以往的
政治革命，它的矛头不是对着垄断权的所有，而是对着所有权
的垄断；社会革命是穷人反对富人的公开的战争。"[3] 他以英法
两国以往爆发的革命运动为鉴，指出阶级斗争所引发的冲突是
在所难免的，只有在贫困及其源头都被消灭后才会停息。总
之，共产主义革命势必是一场彻底的社会革命。

---

① 《马克思恩格斯全集》第 2 卷，人民出版社 1957 年版，第 610 页。
② 《马克思恩格斯全集》第 2 卷，人民出版社 1957 年版，第 617 页。
③ 《马克思恩格斯全集》第 2 卷，人民出版社 1957 年版，第 624 页。

在参与 1849 年革命运动之后，回到曼彻斯特的恩格斯展现出专门研究军事问题的决心。在一封写给魏德迈的信中，他这样说道：

> 我自从迁来曼彻斯特以后，就开始啃军事，我在这里弄到的材料，至少对开端来说是足够了。军事在最近的运动中将具有的重大意义，我往日的爱好，我在报纸上发表的匈牙利军事通讯，以及我在巴登的光荣经历——所有这些都促使我在这方面下功夫，我想在这方面至少要做到能够发表一定的理论见解而又不致太丢脸。……我是说要一般地熟悉各个军事部门所必需的基本知识。我所需要的，是了解和正确评价军事历史事实所必需的细节知识。例如，基本战术，筑城原理，多少带历史性的、包括从沃邦到现代独立堡垒的各种体系，以及对野战工事和其他有关军事工程问题（如各种类型的桥梁等等）的研究；还有一般的军事科学史和由于武器及其使用方法的发展和改进而引起的变化的历史。①

当然，恩格斯在军事研究上并非孤军作战，马克思常常为

① 《马克思恩格斯全集》第 27 卷，人民出版社 1972 年版，第 576 页。

恩格斯的军事研究搜罗材料、提供文本支持。在 1853 年 9 月 30 日写给恩格斯的书信里，马克思风趣地说："如果发生什么军事事件，我就指望曼彻斯特的陆军部会立即给我指示。"① 而坐镇"曼彻斯特陆军部"的"司令"正是恩格斯。

事实也正如马克思所说的那样，在普法战争期间，恩格斯连续匿名发表的几十篇短评，精准地预测了战争的走向与结果，引起当时的轰动与讨论。在 1870 年 8 月 3 日写给恩格斯的信中，马克思提到："如果战争再延续一些时候，那你很快被公认为伦敦的头号军事权威。"②

最初的青年恩格斯相较于成熟的军事家，更像是一位思想自由、怀揣叛逆的反抗者。随着文学—政治阅读的积累、服兵役的特殊体验、先进思想的陶冶等，恩格斯思想中的"叛逆"种子最终浇灌成为革命思想的花朵。而一次又一次果断的实践行动，使恩格斯从一位怀揣诗与远方的理想主义者，成长为身先士卒的革命实践者。

---

① 《马克思恩格斯全集》第 49 卷，人民出版社 2016 年版，第 468 页。
② 《马克思恩格斯全集》第 33 卷，人民出版社 1973 年版，第 29 页。

特有的共产主义立场，加上丰富的实践经历与细致的理论研究，成就了恩格斯的军事与战争理论，并为无产阶级革命以及一切被压迫的民族和人民提供了武装斗争的行动指南。

◆ ——————————— ◆

拓展阅读

[1] [英] 戴维·麦克莱伦:《恩格斯传》，臧峰宇译，中国人民大学出版社 2017 年版。

[2]《马克思恩格斯军事文集》，战士出版社 1981 年版。

[3] 张云飞:《恩格斯传：将军和第二提琴手》，中国人民大学出版社 2023 年版。

从哲学旁听生到青年黑格尔派成员

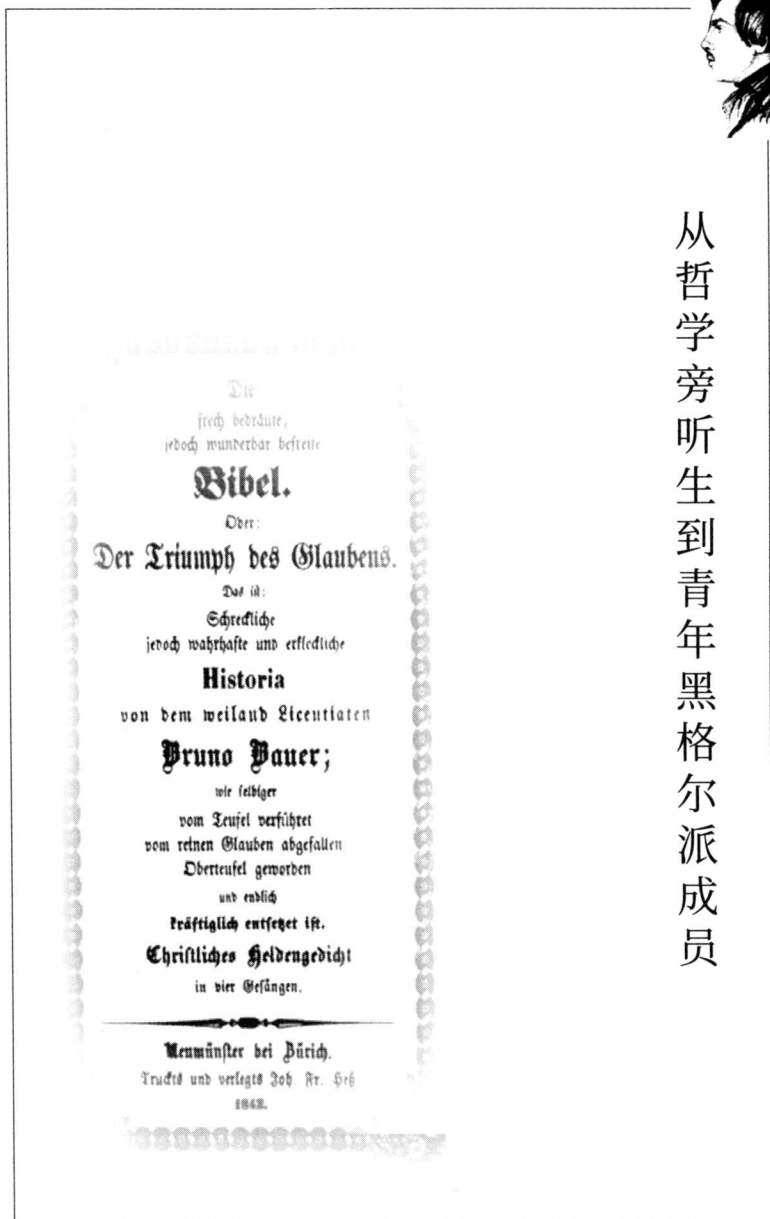

Die
frech bedräute,
jedoch wunderbar befreite
Bibel.
Oder:
Der Triumph des Glaubens.
Das ist:
Schreckliche
jedoch wahrhafte und erkleckliche
Historia
von dem weiland Licentiaten
Bruno Bauer;
wie selbiger
vom Teufel verführet
vom reinen Glauben abgefallen
Oberteufel geworden
und endlich
kräftiglich entsetzet ist.
Christliches Heldengedicht
in vier Gesängen.

Neumünster bei Zürich.
Truckts und verlegts Joh. Fr. Heß
1842.

◆ 恩格斯和埃德加·鲍威尔合写的讽刺叙事诗小册子《横遭威逼但又奇迹般地得救的圣经，或信仰的胜利》的封面

编者按

1841 年 4 月，耶拿大学授予不满 23 岁的马克思以哲学博士学位。与此同时，21 岁的恩格斯则刚结束在不来梅洛伊波尔德商行的见习，前往柏林炮兵营服役。尽管此时距离恩格斯辍学已有 4 年之久，尽管他终其一生再也没有接受过正规教育，但柏林的这段时光却成为一个特殊的契机。正是在柏林期间，恩格斯在柏林大学旁听了不少哲学课程，大量阅读了鲍威尔、费尔巴哈等青年黑格尔派代表人物的著作，并与青年德意志划清了界限，找到了对抗落后的宗教与政治的武器。从一个哲学旁听生和哲学自学者，成长为一位大哲学家，青年黑格尔派是恩格斯哲学之旅的第一站。

在时代的乱流中坚持不懈地进行思考，矢志不渝地寻找自己的答案，是恩格斯从德国同时代青年中脱颖而出的奥秘。在致卢格的信中，恩格斯表示非常明白自己作为一名"哲学自学者"的处境。他没有博士文凭, 无权探讨哲学问题, 再者几篇过去写就的颇为"爆款"的文章又让人们对自己提高了要求。他希望, 以后署上自己姓名的文章同样不会辜负大家的期待, 更何况自己的时间是相当紧迫的, 未来还要在老爹的逼迫下把更多的时间用于经商。

所有这些都让恩格斯感到, 自己现成的知识储备是远远不够的, 必须不断走出自己的舒适圈, 在挫折与磨砺中获得成长。他在信中说道:"现在我认为我的义务是学习, 我要以更大的兴趣继续学习, 去越来越多地掌握那些不是先天赋予一个人的东西。"[①]

这位"哲学自学者"的哲学之旅, 表面上始于黑格尔哲学, 但实质上始于青年黑格尔派。彼时, 虽然黑格尔已然去世, 但他留给后人的思想财富却不容忽视。那个时代不少人甚至认为, 黑格尔已经完成了哲学, 哲学走到了终点而不会再有根本性的进展了。这一激进观点也许有待商榷, 不过可以肯定的是, 黑格尔哲学确实渗透在近代德意志民族的方方面面, 成为

---

① 《马克思恩格斯全集》第 47 卷, 人民出版社 2004 年版, 第 302 页。

德意志文化与文明的一部分。对青年恩格斯而言，身处这样一个黑格尔主义的时代，以此作为哲学之旅的起点是再恰当不过的选择。

不过，事实不尽如此。青年恩格斯哲学之旅的起点，其实是青年黑格尔派的"黑格尔主义"。为了囊括以前任何体系都无法比拟的广大领域，黑格尔不得不求助于强制性的结构，用"体系"调和了"矛盾"。然而，被掩盖的"矛盾"终究会有激化的一天，在黑格尔这位百科全书式思想家逝世后，无人再有能力对宏大的"体系"进行维护时，各种声音便不可避免地出现了。

一些学者重视和继承黑格尔的哲学"体系"，被称为"老年黑格尔派"；另一些则看重黑格尔的辩证方法及其激进的一面，被称为"青年黑格尔派"。在青年恩格斯看来，老年黑格尔派太过平庸，只会"兜售"黑格尔惯用的晦涩且抽象的术语。相比之下，他更欣赏青年黑格尔派，因为他们勇于斗争、富有激情，一定程度上继承了黑格尔辩证法的精神。

青年恩格斯走进青年黑格尔派，不完全是一种机缘巧合。

◆ 大卫·弗里德里希·施特劳斯（1808—1874），德国哲学家和政论家，青年黑格尔派代表人物

青年黑格尔派的宗教批判，直接帮助恩格斯找到了更有力对抗落后宗教及政治的武器。从少年时代起，恩格斯就对包围着自己的虔诚主义宗教萌生了反抗意识。他孜孜不倦地阅读那些被基督教虔诚主义列为"禁书"的优秀作品，蔑视伍珀河谷那些"对待工人最坏的"虔诚派的工厂主们。

起初，恩格斯对虔诚主义的反感主要是情感上的厌恶和道德上的鄙夷。真正使他正视虔诚主义及其内在问题并系统反对虔诚主义基督教的，是青年黑格尔派的主要成员之一大卫·弗里德里希·施特劳斯。

施特劳斯的主要功绩在于，运用辩证法对福音书故事进行历史的批判，使耶稣的生平走出神迹的笼罩，粉碎了福音书是可靠的历史实录的说法。尽管他承认耶稣本人是一个历史人物，福音书中的许多地方是关于耶稣生平的历史叙述，但是，他认为福音书的记载并非都是真实的，其中的神话部分是早期基督教团无意识创作的产物，只是口耳相传的神话演绎。

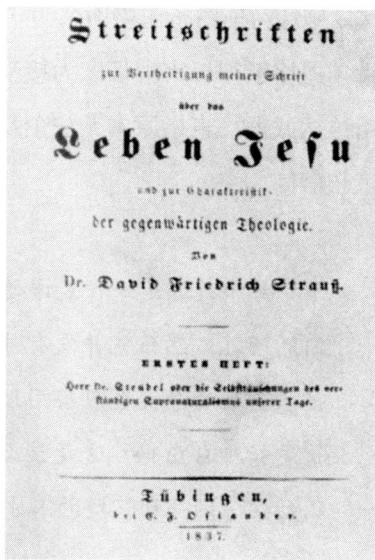

◆ 施特劳斯《耶稣传》扉页

恩格斯最初能够与原生环境中浓郁的宗教氛围划清界限，绝对离不开施特劳斯的帮助。在一封与信奉虔诚主义的友人弗里德里希·格雷培的通信中，恩格斯满怀自信地宣称，自己已经是"一个热心的施特劳斯派"。

> 你们只管来吧，现在我有了武器，有了盾牌和盔甲，现在我有把握了；你们只管来吧，别看你们有神学，我会把你们打得不知该往哪儿逃。①

————————

① 《马克思恩格斯全集》第47卷，人民出版社2004年版，第205页。

施特劳斯给予恩格斯名为"理性"的武器，通过运用理性，青年恩格斯得以审视那广为接受的宗教信仰与神学典籍。他运用这把武器，直指原本无法企及的上帝，直接质疑虔诚主义的宗教信仰。

> 要知道这是一种荒谬的观点，上帝的理性当然高于我们的理性，然而也并没有什么两样，否则它就不成其为理性。圣经的教义也应当用理性去领会——你说，不能怀疑就是精神自由吗？这是最大的精神奴役。只有克服了对自己的信念的一切怀疑的人才是自由的。①

上帝成为理性可以理解的存在，这就同作为人类的"我们"别无二致，上帝因而不再是神秘而难以企及的。在虔诚派眼中，这一观点无疑是离经叛道的。可是，青年恩格斯并不在意他们敌视的目光，因为正统教义是限制自由的"最大的精神奴役"，是最需要反对的内容。不仅是虔诚主义，理性原则还帮助青年恩格斯打开了重新理解神学典籍乃至宗教本身的大门。

---

① 《马克思恩格斯全集》第 47 卷，人民出版社 2004 年版，第 190 页。

　　我现在以及将来都不能相信一个诚心尽力做善事的理
性主义者会永远堕入地狱。这同圣经本身也是矛盾的，因
为那上面写着，任何人都不是由于原罪而是由于本人的罪
恶而被处罚堕入地狱；如果有人全力抵抗原罪并且做了他
所能做的事，那么，他的真正的罪恶只不过是原罪的必然
后果，因此，这并不能处罚他堕入地狱。[1]

　　获得"理性"这一武器的青年恩格斯，终于有能力战胜虔
诚主义基督教了。不过，战胜虔诚主义基督教，并不意味着完
全否弃它，而是客观地认识与评价它。他在写给友人的一封书
信中，明确说道：

　　在神学的发展过程中，虔诚主义过去大概是一种历史
的合理的因素；它获得了自己的权利，它过时了，现在也
不应该拒不让位于思辨神学。当前只有思辨神学才能发展
出一些可靠的东西。[2]

---

① 《马克思恩格斯全集》第 47 卷，人民出版社 2004 年版，第 143 页。
② 《马克思恩格斯全集》第 47 卷，人民出版社 2004 年版，第 188 页。

启蒙时代已缓缓拉开帷幕，如今不再是虔诚主义的时代了，黑格尔主义才是顺应新时代的风潮。根据恩格斯的自述，"通过施特劳斯，我现在走上了通向黑格尔主义的大道"，加入了"所谓的'现代泛神论者'的行列"①，而非直接走向无神论。泛神论是指神"充盈"于世界之中，斯宾诺莎的"神即自然"就是典型代表。而黑格尔主义的泛神论，则试图以理性的方式完成对神学的论证——否认在"绝对精神"之外有理性所无法把握的上帝。

激进的青年黑格尔派，不仅是青年恩格斯对抗权威宗教的助力，也是他对抗保守政治的武器。彼时，宗教领域和政治领域都充斥着抱残守缺、故步自封的保守思想。起初，政治是一个荆棘丛生的领域，所以，青年黑格尔派的批判一开始集中于宗教领域。不过，随着政治局势的日益严峻，这些激进分子们渐渐褪下温和的外衣，从宗教领域挺进政治领域，显露出其深刻而尖锐的革命锋芒。

一个哲学旁听生，青年恩格斯，追随着青年黑格尔派的激

① 《马克思恩格斯全集》第47卷，人民出版社2004年版，第228页。

进批判，拾起革命的哲学武器，义无反顾地参与到政治的批判实践中来。

一开始，青年恩格斯的批判武器是文学而非哲学。他一度被"青年德意志"散发出来的政治激情与活力所吸引，但是，哲学的启蒙改变了他的思想轨迹。受青年黑格尔派的影响，恩格斯仔细阅读了黑格尔的《历史哲学》，随后在《时代的倒退特征》一文中隐晦表达了对青年德意志代表人物——古兹科——的历史哲学的不满。

这篇文章表面上驳斥的是那些"难以理解的裹足不前的英雄好汉们""开倒车的达官显贵们"，非但没有直接针对古兹科，甚至还把他的《论历史哲学》称为"睿智卓绝的著作"。即便如此，恩格斯在这里依然暗含了对古兹科的批判。在古兹科看来，历史的形式是"时而合拢、时而分开的史诗式的平行线"。青年恩格斯却不以为然：

> 我宁愿把历史比作信手画成的螺线，它的螺纹绝不是很精确的。历史从一个看不见的点徐徐开始自己的行程，围绕着这个点缓慢盘旋移动；但是，它的圈子越转越大，

旋转越来越迅速、越来越灵活，最后，简直像明亮的彗星一样，从一个星球飞向另一个星球，时而擦过，时而穿插过它的旧轨道。而且，每转一圈就更加接近于无限。①

"青年德意志"面对威权统治时卑躬屈膝，只有坚守批判原则的哲学才能充分发挥政治与宗教批判的效力。在青年恩格斯的眼中，青年黑格尔派是一座反动派思想家占据上风时可以安然退守的坚固堡垒。此时的恩格斯已完全站在了青年黑格尔派的立场上，他坚信腐朽落后的宗教与政治在青年黑格尔派的批判中将土崩瓦解，黑格尔哲学也将在后继者的打磨中再次焕发生机。

早先的恩格斯与其说是"青年黑格尔派"，不如说是"施特劳斯派"，他经常在自己的写作中借用施特劳斯的思想。在柏林服兵役期间，恩格斯接触到了更多青年黑格尔派的领袖人物，在继续从他们身上汲取力量的同时，慢慢从青年黑格尔派的跟随者转变为青年黑格尔派的同行者。

---

① 《马克思恩格斯全集》第 2 卷，人民出版社 2005 年版，第 107 页。

恩格斯同鲍威尔兄弟的柏林"自由人"小组建立了联系，不时参加他们在小酒馆举行的活动。鲍威尔兄弟共三人，分别为布鲁诺·鲍威尔、埃德加·鲍威尔、埃格伯格·鲍威尔，都是青年黑格尔派中的佼佼者。其中，老大布鲁诺·鲍威尔最为出色，他曾跟随黑格尔学习神学，20岁时就以拉丁文完成了自己的博士论文，得到了黑格尔的赞赏。随后，他在柏林和波恩的大学里任教，还指导过马克思的博士论文。1882年他去世的时候，晚年恩格斯还发表了悼文《布鲁诺·鲍威尔和早期基督教》，盛赞了鲍威尔在回答基督教历史起源的问题上比任何人的贡献都要大。可以说，布鲁诺·鲍威尔是当时公认的青年黑格尔派领袖。

恩格斯在柏林服兵役期间，阅读了布鲁诺·鲍威尔的《复类福音作者的福音史批判》，并作了《宗教批判笔记》。而布鲁诺·鲍威尔于1841年匿名发表的著作《对无神论者和反基督教者黑格尔的末日审判的号声，最后通牒》（以下简称《号角》），也是恩格斯读过的。这些著作，一方面促使恩格斯从泛神论过渡到无神论，另一方面帮助他从自我意识的角度理解黑格尔哲学。

尽管施特劳斯将福音书视作历史的记叙，已经是对虔诚主义宗教的巨大打击，但晚年恩格斯回顾这段过去时，却清晰地指出：这仍不过是一种"含糊的神话论"，施特劳斯给宗教留下了暧昧的空间，而"鲍威尔彻底揭露了这种理论的非科学性"①。

通过对福音书的详细考证，布鲁诺·鲍威尔认为，福音书记载的内容几乎都是后人的杜撰，连耶稣基督在历史上是否确有其人都是成问题的。在福音书的其他问题上，鲍威尔也与施特劳斯针锋相对，他不同意后者将福音书视为早期基督教团体无意识的产物，因为如此一来，基督教历史就成了神秘莫测、无法理解的东西。鲍威尔坚持认为，福音书是自我意识的产物，正是不同的个体才写就了四部各有差异的福音书。于是，鲍威尔将宗教史的探讨变成了对宗教的自我意识的历史探讨，对宗教意识的发展历史作了考察。晦暗不清的基督教历史一旦得到理解，"神迹"便不能成立，最终导向了无神论。恩格斯无疑受到了鲍威尔思想的影响。他表示：

---

① 《马克思恩格斯全集》第 19 卷，人民出版社 1963 年版，第 328 页。

甚至最坚定的基督教徒也不能完全摆脱我们这个时代
的前提条件；时代迫使他改革基督教；他身上已经拥有可
能会向无神论发展的前提。因此就产生了布·鲍威尔所剖
析的那种神学，这种神学连同其本身内在的不真实性和虚
伪性浸透着我们的整个生活。①

在《号角》一文中，布鲁诺·鲍威尔将黑格尔的核心概念
"绝对精神"解读为"自我意识"，以此成功地将黑格尔刻画为
无神论者及反基督教者。借助"自我意识"，鲍威尔号召哲学
家们不仅反对现存的宗教，还要反对现存的国家，推动世界历
史向新的道路进发。

追逐自我意识的道路注定不会一帆风顺，布鲁诺·鲍威尔
终究为他的言辞付出了代价，1842 年被波恩大学解除了教职。
对此，恩格斯义愤填膺，与埃德加·鲍威尔一同撰写了《横
遭威逼但又奇迹般地得救的圣经，或信仰的胜利》这篇反讽
诗。表面上，这是一篇关于布鲁诺·鲍威尔"为恶魔所惑，背
叛纯真的信仰，成为魔王，终被强令免职"的基督教主义的史

---

① 《马克思恩格斯全集》第 2 卷，人民出版社 2005 年版，第 535 页。

◆ 路德维希·费尔巴哈（1804—1872），德国唯物主义哲学家，德国古典哲学的代表人物

诗，实则描绘了那个时代基督教主义与伏尔泰以降的理性主义大军在学术与政治问题上的交锋。在结尾处，尽管恩格斯指出鲍威尔被波恩大学免职一事，使得"自由人"在混乱的假相中一哄而散，但文章刻画了鲍威尔、卢格、马克思、费尔巴哈等一大批理性主义者，这不得不说是向反对势力进行的一次力量展示。

　　路德维希·费尔巴哈，青年黑格尔派的另一位著名代表，也是恩格斯从泛神论者转变为无神论者的引路人。同样在柏林服兵役时期，恩格斯阅读了费尔巴哈的新作《基督教的本质》。在《谢林和启示》一文中，恩格斯说道，费尔巴哈对基督教的批判是对黑格尔派泛神论的必要补充，费尔巴哈与施特劳斯得出了共同的结论，即"神学的秘密是人类学"①。

---

① 《马克思恩格斯全集》第2卷，人民出版社2005年版，第391页。

青年恩格斯敏锐地把握了《基督教的本质》的主旨。这本书的核心就是揭露宗教的人本学本质，不是上帝创造了人而是人创造了上帝。它直白地宣告了宗教的根基是不牢靠的，证明了无神论的结论。无怪乎恩格斯在《横遭威逼但又奇迹般地得救的圣经，或信仰的胜利》中，将费尔巴哈的形象刻画成孤独但智慧绝伦的行者：

> 他一人就能抵上无神论者一支大军，
>
> 他鬼才出众，集魔鬼智慧于一身。
>
> 他口若悬河，亵渎辱骂任凭嘴巴，
>
> 愿圣约翰保佑，他乃令人生畏的费尔巴哈。[①]

严格说来，此时的恩格斯尚不能完全理解费尔巴哈的哲学贡献。他没有看到费尔巴哈在唯物主义的基础上对黑格尔主义的批判，没有发现在意识和存在的关系问题上，费尔巴哈与黑格尔是根本对立的。他甚至只是把费尔巴哈视为黑格尔哲学的信奉者和继承者。在彼时的恩格斯看来，哲学就是理性的学说，"理性的实存是一个前提，这一点还没有一个哲学家否

[①] 《马克思恩格斯全集》第2卷，人民出版社2005年版，第506页。

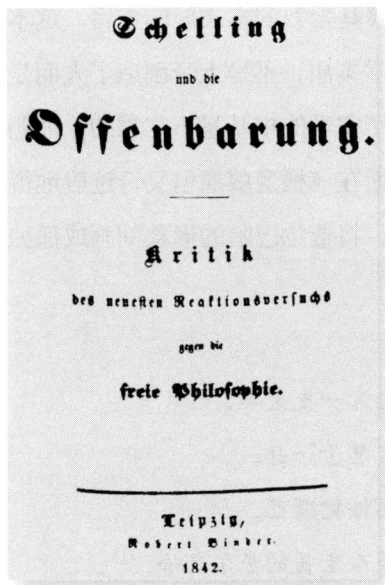

◆ 恩格斯写的小册子《谢林和启示》扉页

认过"[1]。

从黑格尔到青年黑格尔派，青年恩格斯与哲学完成了最初的相遇。他紧跟青年黑格尔派前进的脚步，在不断的自我学习以及与他人的论战中，日渐活跃在德意志哲学思潮的最前沿，从一位哲学旁听生变为青年黑格尔派的同行者。在即将离开柏林、前往英国前写就的《评亚历山大·荣克的〈德国现代文学讲义〉》书评中，他宣称自己拥护青年黑格尔派——"施特劳斯、费尔巴哈、鲍威尔"——的主张。

同行者因缘际会，难在一路相伴而行。

_____

① 《马克思恩格斯全集》第 2 卷，人民出版社 2005 年版，第 356 页。

◆ 19 世纪的曼彻斯特

　　1842 年 11 月下旬，恩格斯终究离开了柏林，前往欧门——恩格斯公司在曼彻斯特的纺纱工厂实习经商。在这里，恩格斯的世界观获得了重大改变，其问题域不再是德国古典哲学所能容纳的了。他在柏林时期未能充分理解的费尔巴哈——借人本主义与唯物主义反对思辨神学与唯心主义，以思想种子的形式留存下来。费尔巴哈对恩格斯世界观更为深刻的影响没有立刻显现出来，但是，关注"现实"的种子已经种下，只等一场曼彻斯特的雨，催它生根发芽。届时，恩格斯将不再是青年黑格尔派的跟随者与同行者，而是青年黑格尔派的超越者。

◆ ──────────── ◆

拓展阅读

[1] [德] 亨利希·海涅：《论德国宗教和哲学的历史》，海安译，商务印书馆 2017 年版。

[2] [苏] 马利宁、[英] 申卡鲁克：《黑格尔左派批判分析》，曹盛林译，社会科学文献出版社 1987 年版。

[3] [英] 大卫·麦克莱伦：《青年黑格尔派与马克思》，夏威仪译，商务印书馆 1982 年版。

[4] [美] 沃伦·布莱克曼：《马克思，青年黑格尔派与激进社会理论的起源》，李佃来译，北京师范大学出版社 2018 年版。

[5] 卜祥记：《青年黑格尔派与马克思》，商务印书馆 2015 年版。

[6] 马泽民：《马克思主义哲学前史》，重庆出版社 1994 年版。

哲学自学者的谢林批判

◆ 当时的一幅漫画，描绘了青年黑格尔派向基督教发起的猛烈攻击：青年黑格尔派代表人物布·鲍威尔（图中以农民形象出现，德语"农民"的音译是"鲍威尔"）骑着"鸵鸟"（德语"鸵鸟"的音译是"施特劳斯"），正把象征基督教的狮子、鹰、天使和公牛赶进"火流"（德语"火流"的音译是"费尔巴哈"）

───── 编者按 ─────

　　时间是 1841 年，距离黑格尔去世已经过去了 10
年之久，他曾经的同窗好友谢林，应普鲁士当局的要
求来到了柏林，站在了柏林大学的讲台上。谢林的
使命——一半出于私人的动机，一半出于官方的要
求——是要彻底地清除黑格尔哲学中的异端要素。弗
里德里希·威廉四世恰好需要一套新的国家哲学来为
他的保守统治服务，谢林则恰逢其时地递上了他的
"投名状"。正在柏林服兵役的青年恩格斯，作为柏林
大学的旁听生，有幸见证了这一思想盛会。他在旁听
期间发表了三篇有关谢林的论文，揭露了谢林在形而
上学背后所隐藏的政治与神学企图，抨击了谢林及其
拥趸的保守主义，并以一种看似纯粹的方式跃出了思
辨的范畴而走向实践。

　　1841 年，哲学家谢林应普鲁士当局的要求，登上了柏林大
学的讲台。彼时的青年恩格斯正在柏林服兵役，闲暇时在柏林

大学旁听哲学课程和讲座。应该说，此时的恩格斯对于哲学的
了解并不多，他是大约两年前阅读了大卫·施特劳斯的《耶稣
传》后，才深受鼓舞而开始钻研黑格尔哲学的。即便如此，他
已经很清楚地知道，谢林为何而来。

　　谢林的使命——一半是私人的动机，一半是官方的要
求——是要彻底地清除黑格尔哲学中的异端要素：一方面，尽
管日后的人们，尤其是像卡尔·波普尔这样的自由主义者竭力
地诋毁黑格尔，认为他的著作充满了专制主义，但普鲁士当局
对黑格尔仍心存忌惮；另一方面，谢林来到柏林大学，也带着
他和黑格尔之间的私人恩怨。

　　在《精神现象学》中，黑格尔毫不掩饰地嘲讽了谢林的哲
学体系，而现在则轮到谢林来"报复"：

　　　　如果谁具有"不偏不倚"这种值得嘉许的优点，谁就
　　　　会把谢林在柏林的讲学中对黑格尔所作的死刑判决，看做
　　　　是诸神对黑格尔当年给谢林所作的死刑判决的报复。①

---

① 《马克思恩格斯全集》第 2 卷，人民出版社 2005 年版，第 323 页。

实际上，谢林本人也的确这样做了。恩格斯在《谢林论黑格尔》一文中评论道：

> 如果把谢林对黑格尔体系所宣布的死刑判决的官腔去掉，那么就可以得出如下结论：其实黑格尔根本就没有自己的体系，他只不过是从我谢林的思想中拾取残羹剩饭以勉强维持其生存而已。①

根据谢林的自述，恩格斯的上述评论无疑是准确的。

> 这个方法正是我所独有的、甚至可以说天然属于我的东西。尽管我不能炫耀说这个方法是一个绝对的发明，但是同样地，我绝对不能让人把它从我这里抢夺过去，或者承认另外一个人（编者注：黑格尔）的炫耀，说是他发明了这个方法。②

谢林的这种做法，无疑是极不光彩且令人愤慨的，他侮辱

---

① 《马克思恩格斯全集》第2卷，人民出版社2005年版，第327页。
② ［德］谢林：《近代哲学史》，北京大学出版社2016年版，第114页。

了死者的名誉。但是，如果仅仅是出于道德，或是出于"党派忠诚"，恩格斯远不必如此大费周章地批判谢林。毕竟，"一个年轻人，如果打算教训一位长者，这本来就是一种无礼的行为"①。

真正促使恩格斯下定决心批判谢林的，是其使命中的官方要素——谢林将他的个人恩怨与专制政府的期许结合起来，并巧妙地向后者献媚，从而实现对一位已逝的思想异端者的报复。这一切都是以"哲学论辩"和"真理"的名义进行的，不过这种"真理"却需要宪兵与警察的搀扶。

这就是恩格斯批判谢林的起点："谢林已经如此彻底地出卖了自由！"

◆ 弗里德里希·威廉四世（1795—1861）

① 《马克思恩格斯全集》第2卷，人民出版社2005年版，第328页。

这就是恩格斯终其一生所坚持的，热爱自由胜过一切。为黑格尔疾呼！这不是简单地以"黑格尔主义者"的名义而进行的。相反地，恩格斯批判谢林，不单单因为谢林是黑格尔的敌人，更是因为谢林是自由的敌人，是革命的民主主义的敌人（而黑格尔则是启蒙之友）。

那么，谢林究竟对黑格尔提出了何种指控？恩格斯又是如何批判谢林的呢？

在高深莫测的语言背后，隐藏着谢林批判黑格尔的核心：晚期谢林坚持新的同一哲学，并将黑格尔哲学当作他早期的同一哲学的赝品。由此，谢林区分了肯定的或实证的（positive）哲学与否定的（negative）哲学，前者是"绝对的"，而后者则是"相对的"。

这里的"实证的"，绝不是认识论的，而毋宁说是一种形而上学，它强调的是关注直接的、既定的、从过去继承下来的条件，关注已经在那里的实际存在。虽然此后的马克思、恩格斯批判了谢林的"实证哲学"，但他们偶尔也将自己的理论称为"实证的"。

例如，《德意志意识形态》中有一段这样的说法："在思辨终止的地方，在现实生活面前，正是描述人们实践活动和实际发展过程的真正的实证科学开始的地方。"①

谢林对"肯定的或实证的"方面的强调，背后隐藏着一种二分，即"实存的"与"非实存的"的二分——实存是外在的，而思维是内在的。黑格尔式的"同一哲学"之所以是"同一的"，就在于它主张"主观的"与"客观的"的同一，"思维"与"存在"的同一。与黑格尔哲学相对，晚年谢林抛弃了这一点，主张"概念"只是否定的东西，在概念之外的东西才是"实存"，尤其是上帝的实存。

根据恩格斯摘录的笔记，谢林提出，一旦人们"退入纯思维的范围，便意味着首先要退出思想范围之外的任何存在"②；黑格尔的"否定哲学没有考虑到世界……否定哲学完全是一种空洞无物的哲学，它在极其随意的可能性上晃来晃去并且向幻想敞开大门"③。

---

① 《马克思恩格斯文集》第 1 卷，人民出版社 2009 年版，第 38 页。
② 《马克思恩格斯全集》第 2 卷，人民出版社 2005 年版，第 326 页。
③ 《马克思恩格斯全集》第 2 卷，人民出版社 2005 年版，第 389 页。

为了取代同一性概念，谢林使用了另一个概念——"潜能"（Potenz）。他指责黑格尔说，黑格尔没有认识到，还有"比实存更先存在的东西"，也就是"潜能"，而且是思维中的"潜在力"①。并且，"潜能"自身就是自足的且绝对的，它既不需要也不可能完成黑格尔所谓的外化的过程。"潜能"构成全部实存的开端和本源——不过，对这种开端和本源的探究无法借助于理性，而必须借助于启示和神话，因为它不仅包含理性的东西，还包含非理性的东西。

尽管谢林的论述十分复杂，但其核心却异常简单。恩格斯仅用一句话就概括了谢林对黑格尔的全部攻击："黑格尔断言：凡合乎理性的，也是现实的；谢林则说，凡合乎理性的，都是可能的。"②"善良而天真的"黑格尔居然没有意识到，思维与实存是两个截然不同的领域，思维的东西根本不会进入实存；就算"同一"是存在的，也绝不可能在否定哲学中完成，而只能诉诸神秘主义。

---

① 《马克思恩格斯全集》第 2 卷，人民出版社 2005 年版，第 326 页。
② 《马克思恩格斯全集》第 2 卷，人民出版社 2005 年版，第 345 页。

从表面上看，谢林与黑格尔之争是玄妙的形而上学之争，是哲人们之间的思想之争。如果真是这样，青年恩格斯为什么将这场争论引向一个现实问题——"捍卫或危害自由"呢？

黑格尔以"绝对唯心论"的理论形式，否认思想与客观的对立，受到了谢林的批评。根据这种批评，黑格尔试图将一切都理性化，让理性超出单纯的意识而去构筑世界，一切"非理性的"最终都被扬弃。于是，在黑格尔这里，没有任何谬误，没有"非理性"的一席之地。

不过，按照青年黑格尔派的激进主义解读，黑格尔哲学并非是对全部实存的合理化辩护，并非是"不幸的同流合污"。在《小逻辑》中，黑格尔明确说道：

> 现实就其有别于仅仅的现象，并首先作为内外的统一而言，它并不居于与理性对立的地位，毋宁说是彻头彻尾地合理的。任何不合理的事物，即因其不合理，便不得认作现实。[1]

---

[1] ［德］黑格尔：《小逻辑》，贺麟译，商务印书馆 2017 年版，第 297 页。

换言之，一切现存的事物，就其现象层面的存在而言，并不能为其合理性提供更多的辩护；而合理的事物，即使现在尚不存在，在其必然的限度内也一定要被实现。正如法国的君主制在 1789 年的时候虽然是实存的，但并非是合理的，以致必须由一场大革命来把它消灭掉，并发展出新的实存形式，即资产阶级的共和体制。

此后在《路德维希·费尔巴哈与德国古典哲学的终结》一文中，恩格斯对此作了一番最为明晰的阐释。德国古典哲学的革命不仅仅是一场哲学革命或观念意义上的革命，更是冲破德国乃至近半个欧洲的政治革命的黑夜中的一缕微光，是在观念中被实现了的现实存在。德国观念论所把握的，并非粗鄙的既存的现实，而是英国与法国所正在经历的文明的历史，是彼时德国尚不存在但最终将实现的那种现实。

正是在这一理论与现实背景下，青年黑格尔派大声疾呼：不合理的世界一刻也不能够再继续存在下去了，它应当被摧毁也必须被摧毁。他们甚至要更进一步，正如马克思在《黑格尔法哲学批判》导言中所大声疾呼的，"批判已经不再是目的本身，而只是一种手段"，"它不是要驳倒这个敌人，而是要消灭这个敌人"①。

青年恩格斯也不例外，他将捍卫黑格尔的核心置于这样一点之上：

> 迄今为止，任何哲学给自己规定的任务都是要把世界理解为合乎理性的。凡合乎理性的，当然也是必然的；凡属必然的，便应当是现实的或者终究应当成为现实的。这是通向现代哲学的伟大实践结果的桥梁。如果谢林不承认这些结果，那么按照前后一致的原则，他也会否认世界是合乎理性的。但是他又不敢直截了当地讲出这一点，于是宁肯否认哲学是合乎理性的。……这是谢林同所有其他哲学家之间的第一道鸿沟；这是他把权威迷信、感觉的神秘主义和诺斯替教派的幻想偷偷塞进自由的思维科学的初步尝试。哲学的统一性，任何世界观的完整性被分裂了，成为最令人失望的二元论……②

---

① 《马克思恩格斯全集》第3卷，人民出版社2002年版，第202页。
② 《马克思恩格斯全集》第2卷，人民出版社2005年版，第344页。

可以想象的是，谢林的实证哲学一旦应用于政治生活，将会产生何等毁灭性的后果。"现实"成为统治者的遮羞布，因为它是如此鲜明地与"理想"相对，而理想总是被说成是"不切实际的幻想"与"乌托邦"。

对于谢林所坚持的片面二元论——"是"与"应当"/"现实"与"理想"截然分开的二元论，恩格斯是完全不赞同的。他讽刺道，理性可能与实存相分离吗？不能！谢林宣称，他的理性概念继承自康德，是一种认识能力，但问题在于，没有认识对象的认识能力是可能的吗？谢林辩解说，相对于作为"认识的无限潜能"的理性，还有所谓"存在的无限潜能"。对于这种说法，恩格斯的批评可谓一针见血："不管我们如何千方百计地想留在可能性的海洋里，都会被立即抛到可恨的现实性的沙滩上去。"①

青年恩格斯非常清楚谢林的意图，通过贬低理性，为非理性和神秘主义大开方便之门。谢林把理性的内容变成了"空心的、空洞的、无用的内容"，以至于"理性在达到自己的目的

---

① 《马克思恩格斯全集》第 2 卷，人民出版社 2005 年版，第 353 页。

并且真正认识了自己的目的时，就成为非理性……"，"理性的本质就是非理性"①。

　　谢林与黑格尔在哲学上的交锋，以及青年恩格斯对这场交锋的记述，只不过是真实的政治交锋的一种表现。这里针锋相对的，是拥护启蒙与反对启蒙的两种态度——"在政治和宗教方面争夺对德国舆论的统治地位即争夺对德国本身的统治地位的战场在哪里……这个战场在柏林大学，就在谢林讲授启示哲学的第六讲堂"②。

　　谢林不是出于一种纯粹理智上的趣味而来到柏林，恩格斯也不是以"经院学者"的身份与他进行辩论。即便恩格斯在形而上学的论辩中停留在"外部"，他在政治上也已然深入到了内部：谢林哲学的目的并不在于别的，而在于贬低理性的尊严与价值，否认这一自启蒙运动以来就被开辟了的传统——"要有勇气运用你自己的理智！"

① 《马克思恩格斯全集》第 2 卷，人民出版社 2005 年版，第 354 页。
② 《马克思恩格斯全集》第 2 卷，人民出版社 2005 年版，第 323 页。

当青年恩格斯批评谢林而赞赏黑格尔的时候，他深刻地
写道：

> 黑格尔的辩证法这一强有力的、永不静止的思想推动
> 力，不外是纯思维中的人类意识，普遍东西的意识，黑格
> 尔的神化了的意识。在一切都自行发生的地方，如在黑格
> 尔那里，神的人格化是多余的。①

恩格斯所看重的，其实是黑格尔的思想与现实的同一性原
则及其实现这一原则的辩证运动，而不是神秘的"绝对精神"。
正因如此，他对黑格尔的评价不是单一的。

一方面，恩格斯清醒地认识到黑格尔为何强调理性的
重要性，"无论是黑格尔还是别的什么人，都没有想过要证
实某种事物的实存而无须有经验的前提；他证实的只是实存
的东西的必然性"②。另一方面，他也毫不讳言黑格尔哲学的
缺陷：

---

① 《马克思恩格斯全集》第 2 卷，人民出版社 2005 年版，第 389 页。
② 《马克思恩格斯全集》第 2 卷，人民出版社 2005 年版，第 355 页。

　　个人的见解固然是通过他的体系而纯化的，然而这些见解对体系的结论并非没有影响。例如，如果他更多地抛弃自己在当时的精神氛围影响下所汲取的实证的要素，而更多地从纯粹思想出发展开论证，那么他的宗教哲学和法哲学无疑就会有完全不同的结果。黑格尔的全部不彻底性和全部矛盾都是由此而来的。①

　　无论如何，青年恩格斯的三篇论文《谢林论黑格尔》《谢林和启示》《谢林——基督哲学家，或世俗智慧变为上帝智慧》，给予了谢林派以极大的震撼。甚至在这场论战已经结束好几年之后，谢林主义神学家 L.梅茨仍把恩格斯的这些作品当作猛烈诋毁的对象。②

　　这是一个令人惊奇的成就。同时，它又揭示了如下真理：反动力量的虚弱，常常表现在他们的过度反应当中。只有谎言对于真相才最为敏感，只有专制对于自由才最为忌惮。青年恩

---

① 《马克思恩格斯全集》第 2 卷，人民出版社 2005 年版，第 338 页。
② 参见霍尔斯特·乌尔里希：《弗里德里希·恩格斯的"反谢林论"——关于恩格斯批驳谢林的论战文章的历史影响》，《山东社会科学》2020 年第 9 期。

格斯运用哲学批判所展示的锋芒，有一种强大的力量。它不断地提醒我们：

> 在我们成为自由人以前，把我们所珍爱的一切、我们所喜爱的一切，我们视为神圣而崇高的一切都奉献给这只正在自焚的凤凰吧！ ①

这恰是青年恩格斯的精神。

◆ ──────────── ◆

拓展阅读

[1] [德] 谢林:《近代哲学史》，北京大学出版社 2016 年版。

[2] [德] 黑格尔:《小逻辑》，商务印书馆 2017 年版。

---

① 《马克思恩格斯全集》第 2 卷，人民出版社 2005 年版，第 394 页。

一位工厂主的儿子对贫困问题的思考

◆ 19 世纪上半叶的英国棉纺织厂

编者按

　　作为一名工厂主的儿子，恩格斯从小衣食无忧、生活富足，但他对食不果腹、居无定所的底层人民有着深刻的同情。少年时代辍学从商后，他对当时的工厂制度、工人们的实际生活状况有了更加细致入微的观察，开始理性地思考贫困产生的原因，并为解决这一时代问题，进行了理论上和实践上的不懈探索。从最初的对底层民众的朴素同情，青年恩格斯不断完成自身的思想蜕变，逐步走向共产主义，明确了唯有彻底消除私有制才能最终解决贫困问题。

　　年仅 18 岁的恩格斯已经开始在期刊上发表自己的作品，当时的他热衷于诗歌创作，享受肆意挥洒情绪的快意感觉。有意思的是，尽管他的文学作品获得的反响寥寥，但 1839 年发表在《德意志电讯》上的《伍珀河谷来信》，却一经刊登便吸引了不少的目光，在当时的学术界掀起了一次小风浪。这篇文章不仅展现了恩格斯的故乡巴门地区的地理环境、自然风光、

·

建筑特色，还生动反映了当地底层民众的物质和精神困境。更为重要的是，在这篇文章中，青年恩格斯的思想水平跃出了对底层人民的朴素同情，他开始理性地探究贫困状况产生的根源。

伍珀河流经巴门地区，在塑造俊秀、灵动的河谷风貌的同时，也给这片土地带来了喧嚣和繁华。这片地区具有悠久的纺织历史，随着工业革命时代的机器技术的传入，大规模的工厂生产逐渐取代手工业，如纺织工厂、漂白作坊，随之染坊数量急速增加。在工业技术和历史因素的影响下，巴门已然成为德国的"曼彻斯特"。

对青年恩格斯来说，相较于源源不断凝聚的财富，他更关注在这片土地上生存的普通人。这个城市里的居民，大多数是工厂体系中的搬运工、纺织工、锅炉工等。他们大多身形佝偻、精神萎靡、眼神空洞，承受身体和精神的双重折磨。还有一些工厂体系外的手工业者，他们虽然身体相对强壮一些，但也难逃酗酒和纵欲的诱惑。在城市的阴暗角落里，各种疾病快速传播，加快了这些本就脆弱的生命的凋零速度。更让人绝望的是，许多工人的孩子由于贫困而辍学，早早地进入了工厂工作，重复着上一辈的老路。

恩格斯敏锐地洞察到：

> 除了埃尔伯费尔德的暗淡的街道而外，河谷的外貌整个说来给人一种很愉快的感觉，但是实际观察一下就可看到，这种愉快的感觉在居民身上丝毫也看不出来。①

巴门地区虽然经济发展迅速，但宗教氛围浓厚，神秘主义盛行，许多人信奉极具宗教仪式的虔诚派。虔诚派教徒认同恩宠预选，即一个人经历的好与坏都是上帝给予的：一些人被赋予创造幸福生活的能力，一些人则没有这种能力，所以，一部分人注定过着幸福生活，而另一部分人则只能永远受苦。当然，虔诚派认为上帝会赐予世人恩宠，只不过这种赐予只有一次，如果错过了就永不能得救。虔诚派教徒还特别重视定期集会和忏悔的宗教仪式。

客观上说，虔诚主义的盛行，给工厂主和工人带来了截然

---

① 《马克思恩格斯全集》第 2 卷，人民出版社 2005 年版，第 43 页。

不同的影响。对工厂主来说，每周在集会上忏悔几次，便能抵消掉他们使用童工的罪恶，使他们可以更加心安理得、不择手段地谋取高额利润。恩格斯发现，在巴门地区对待工人最恶劣的就是信仰虔诚主义的工厂主。对工人来说，他们相信自己所经历的一切都是上帝的旨意，所以只能默默忍受着生活的折磨。在身体和精神的双重压力下，他们在工作之余经常酗酒、赌博、纵欲。尽管这与虔诚派禁欲主义思想相违背，但工人们也不过是每个星期在教堂或集会中痛哭流涕地忏悔几次，之后再次回到先前的生活。虔诚主义是一柄双刃剑，既是工厂主压榨工人的思想利器，又是工人自缚手脚的精神枷锁。对彼时的德国而言，虔诚主义是蒙昧主义的代名词。

写作《伍珀河谷来信》时，恩格斯已走出了虔诚主义家庭教育对自身的束缚，能够清醒地审视这种宗教信仰的把戏及其背后的利益纠葛。他观察到虔诚派教义中的虚假、矛盾和伪善，也发现了工厂主是如何利用教义肆无忌惮地剥削工人，更意识到当权者以此作为壁垒来阻碍新思想的流入。工人和工厂主的对立，被统治者与统治者的矛盾，都在虔诚主义对当时德国社会的控制中暴露无遗。

贫困与教育腐败、新闻不自由等现象，也都表明当时的德国社会亟须一场彻底的变革。至于该如何变革、由谁来变革以及变革之后走向何处等一系列问题，青年恩格斯尚无法给出明确的答案。即使如此，他坚信历史一定会向前发展。于是，我们看到 19 岁的恩格斯以一位理想主义者的姿态大声宣告：

> 总可以相信，就是这个旧蒙昧主义的断崖也抵挡不住时代的巨流：沙石一定会被水流卷走，断崖一定会轰然倒塌。[1]

这位热血青年通过对愚昧宗教信仰的公开批判，撕开了笼罩在巴门上空蒙昧主义的阴霾，给这座城市注入一缕阳光。不难设想，对虔诚主义的公开批判，使青年恩格斯招致了许多"正统"派的攻击。直面这些攻击，他勇敢迎战，绝不退缩。在与旧思想的碰撞中，他愈发认识到自由精神、理性思想的重要性，更加积极地寻求彻底的理论批判，来应对当时思想界怯懦、中庸、保守的文风。

---

[1] 《马克思恩格斯全集》第 2 卷，人民出版社 2005 年版，第 54 页。

与那个动荡多变的时局一样，青年恩格斯的思想也经历了巨变。起初，他作为一位文学青年，语言辛辣、情绪饱满，在诗歌中揭露光怪陆离的现象，呼唤着新世界的到来。当他不再满足于这种自我陶醉与感动时，他想要与现实社会产生更紧密的关联，真正地改变现实世界。

青年德意志的先驱人物白尔尼，是指引青年恩格斯发生思想转变的精神导师。白尔尼，不仅具有犀利的语言、杰出的文采和敏锐的思想，还亲身投入到德国工人的解放运动中。他走进底层劳动者的生活，把自己的稿酬用于救济德国的穷人。在恩格斯看来，白尔尼是一个十足的伟人，但青年德意志中的绝大多数人只会为自己的利益展开内部斗争。在意识到这一点之后，恩格斯投入到青年黑格尔派的怀抱，在那里，他遇到了更多志同道合的人。

其中，青年黑格尔派的赫斯对恩格斯产生了巨大的影响，他被恩格斯称为"共产主义的第一人"。有趣的是，赫斯也是一位工厂主的儿子，同样关注并致力于解决工人的贫穷问题，较早接触并积极宣传社会主义思想。

当时的社会主义思想正面临两个方面的问题：一是社会主义理论的科学性问题。面对雨后春笋般涌现的各类社会主义思潮，如何建立科学的社会主义理论问题也相继被提出。二是共产主义的实现问题。共产主义降临人间，就如上帝降福于人间吗？共产主义是否可以实现以及如何才能实现呢？带着这些问题，青年恩格斯来到了社会主义思想发源地之一的英国。

作为第一次工业革命的发源地，英国率先享受了机器技术带来的好处，机器生产快速取代手工生产，生产效率极大提高。得益于地理优势和军事实力，英国成为海上霸主，广泛地开拓国际市场。然而，这一切并没有给下层阶级的工人带来任何好处，其处境反而因为工业的快速发展而日益恶化。

随着机器化大生产的发展，城市人口急速增加，底层人民的生活环境恶劣、工作时间增加，物价也飞涨……由此，英国出现了一些奇特的现象：在这个当时全世界最富裕的地方，有着大批的穷人；粮食堆积成山，但有人饿死街头；工人辛勤劳作，但无法享用自己生产的产品；不劳动者反而斥责劳动者懒惰，诸如此类。

随着英国工人状况的日益恶化，贫穷成为一个亟待解决的社会问题。然而，针对现代社会滋生出来的贫困问题，英国政府没有打算采取积极措施予以干预。议会认为，贫困是由工人自身造成的，工人的懒惰和不节制是贫困产生的主要原因，给穷人发救济金不但浪费税收还助长他们的惰性。1834年，英国议会通过了济贫法修正案，修改了已经实行200多年的济贫模式。根据该修正案，政府不再发放救济金，而是设置了习艺所，让穷人在里面从事高强度的工作：这种以惩罚贫穷的方式，来解决贫困问题，无疑使赤贫的工人阶级的处境越发艰难。

◆ 1842 年宪章派举行游行示威

　　劳资矛盾一触即发，一场英国工人争取权利的斗争徐徐拉开序幕。恰在此时，恩格斯来到了曼彻斯特，全世界的工业中心，也是英国工人运动的风暴中心。

　　这场斗争最初表现为一场"合法革命"，这就是持续时间长、影响范围广的英国宪章运动。这场运动与法国里昂工人起义以及德国西里西亚纺织工人起义，史称"欧洲三大工人运动"。与后两者试图通过暴力、流血、牺牲的方式来争取工人权益不同的是，宪章运动主要是通过联合工人签名请愿的方式

◆ 1842 年曼彻斯特的罢工风潮

来向议会施压，要求废除议会候选人的财产限制，争取普选权。宪章运动引起了巨大的国际影响，英国工人阶级正逐渐登上历史的舞台。

对于悄然崛起的工人阶级，青年恩格斯在《英国状况——评托马斯·卡莱尔的〈过去和现在〉》一文中表达了极高的期待：

> 只有大陆上的人们所不熟悉的那一部分英国人，只有工人、英国的贱民、穷人，才是真正值得尊敬的人，尽管他们粗野，尽管他们道德堕落。拯救英国要靠他们，他们身上还有可造之材；他们没有文化知识，但也没有偏见，他们还有力量从事伟大的民族事业，他们还有前途。①

不过，恩格斯很快发现，工人的合法抗争是没有前途的。对此，他一针见血地指出，英国的法律无法约束上层阶级，只会给老实人打上罪犯的标签；议会无法代表普通民众的意志，他们只是靠金钱贿赂和利益勾结而成的团体。在涉及工人阶级

---

① 《马克思恩格斯全集》第 3 卷，人民出版社 2002 年版，第 497 页。

利益的时候，资产阶级和土地贵族将联合起来对付工人阶级。所以，宪章运动注定是要失败的。

出乎意料的是，一些工厂主在宪章运动期间，还企图继续降低工人的工资，这成为 1842 年英国大罢工的导火索。尽管此次大罢工席卷了英国许多工业城市，但由于政府的暴力镇压，大罢工很快就结束了。事实上，即便没有政府的镇压，大罢工的持续也面临许多困难。在工人消耗殆尽那为数不多的生活资料之后，他们别无选择，不得不重新返回工厂。

合法的议会斗争和消极的罢工抵抗，都没有使英国工人获得应有的权益。恩格斯逐渐意识到，只有采取暴力革命的方式，才能改变工人阶级的现状，改变现存的不合理的社会关系。他预言，暴力革命一定会在工人数量众多的英国发生。

暴力革命的想法，在当时的英国面临着严峻的理论和实践的挑战。英国人重视现实的物质利益，十分警惕动乱对经济造成的打击。不仅如此，恩格斯还观察到，英国的知识阶层比德国知识阶层更加保守。古典政治经济学家正是其中的典型代表，他们认为暴力革命绝对不是解决工人贫困的方法，甚至反对救济穷人。

英国经济学家亚当·斯密，其实对工人阶级的状况有着清晰的认知。在他看来，工人的生活甚至不如奴隶，工人每天辛苦工作却朝不保夕，奴隶虽日日辛劳但不必担心吃穿住用的问题。在解决贫困问题上，他认为，较高的国民经济发展速度会使工人的生活水平有所提高，控制工人的生育率也可以改善工人阶级的状况。在斯密之后，马尔萨斯的人口理论更加明确地指出，在外界因素不变的情况下，工人阶级改变自身现状的办法就是减少生育，而非接受救济。这一观点，正是英国议会停止发放救济金的重要理论来源。

在 1843 年的通讯《伦敦来信一》中，恩格斯对这些论调表达了明确的不满：

> 英国是国民经济学的故乡，但是在教授和实践政治家中间这门科学的水平又如何呢？亚当·斯密的"自由贸易"竟被卷入马尔萨斯人口论的荒谬结论。……到处是不彻底和虚伪，可是社会主义者以及部分宪章派的有说服力的经

济论文，却被轻蔑地扔掉，这些论文只有在下层等级中才
能找到读者。①

很显然，青年恩格斯反对这种从劳动力的供需关系来解决
贫困问题的方法。这实际上是将人等同于商品——为了在市场
中卖一个好价钱，工人不得不放弃人之为人的一切，不知疲累
地工作，小心翼翼地生活，甚至连生育的本能都要被剥夺。无
怪乎恩格斯将古典政治经济学看作一门自私自利的、金钱至上

◆ 19 世纪上半叶的英国棉纺织厂

---

① 《马克思恩格斯全集》第 3 卷，人民出版社 2002 年版，第 424—425 页。

的、坑蒙拐骗的学说。在这一学说的笼罩下，每个人都是经济计算的棋子、牟利的工具，人原本的样子变得日渐模糊。

当然，恩格斯不否认英国古典政治经济学有相对进步的一面，例如支持自由贸易、等价交换、诚信经营等。可是，这种进步是如此的不彻底：这些经济学家从未质疑私有制的合理性，总是将贫困问题的解决与工人生活条件的改善寄托于外部因素，比如国民经济快速发展、工人减少生育等。这样一来，贫困始终是一个无解的难题。

在《国民经济学批判大纲》中，恩格斯指明了英国古典政治经济学的问题所在，并明确地将工人的贫困问题归咎于私有制。他说道：

> 私有制的最直接的结果是生产分裂为两个对立的方面：自然的方面和人的方面，即土地和人的活动。土地无人施肥就会荒芜，成为不毛之地，而人的活动的首要条件恰恰是土地。其次，我们看到，人的活动又怎样分解为劳动和资本，这两方面怎样彼此敌视。这样，我们已经看到的是这三种要素的彼此斗争，而不是它们的相互支持；

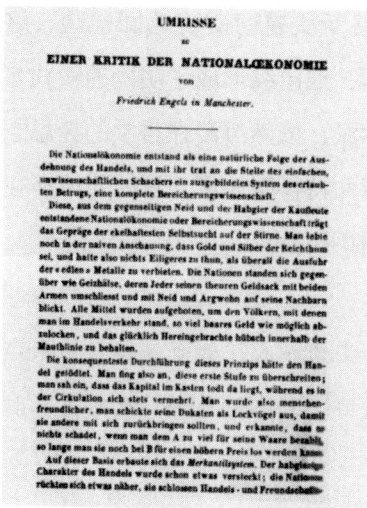

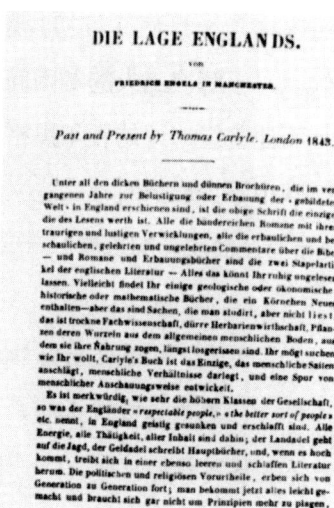

◆《德法年鉴》刊载的恩格斯《国民经济学批判大纲》和《英国状况。评托马斯·卡莱尔的〈过去和现在〉》

现在，我们还看到私有制使这三种要素中的每一种都分裂。……换句话说，因为私有制把每一个人隔离在他自己的粗陋的孤立状态中，又因为每个人和他周围的人有同样的利益，所以土地占有者敌视土地占有者，资本家敌视资本家，工人敌视工人。①

---

① 《马克思恩格斯全集》第 3 卷，人民出版社 2002 年版，第 458—459 页。

1844 年 8 月底 9 月初，恩格斯从曼彻斯特返回德国。这时候，对于解决工人的贫困问题，他已经形成了明确的实践方案。而他曾经追逐的青年黑格尔派，依然沉浸在哲学的迷思之中，其中不少成员对社会主义革命持怀疑态度。正如恩格斯在《大陆上社会改革的进展》一文中所说的：

> 可是，就连这一派的一些领导人，如布鲁诺·鲍威尔博士、费尔巴哈博士和卢格博士，当时也都没有打算采取这一决定性的步骤。[①]

◆ 巴黎雷让斯咖啡馆，马克思和恩格斯曾在这里会晤

---

① 《马克思恩格斯全集》第 3 卷，人民出版社 2002 年版，第 491—492 页。

青年黑格尔派的这一倾向，对共产主义思想在德国传播而言，无疑是一种阻碍。恩格斯迫切地要对青年黑格尔派的思想进行清算，这一想法与青年马克思不谋而合。从曼彻斯特返回德国的途中，恩格斯与马克思在巴黎雷让斯咖啡馆进行了第二次会面，两人相谈甚欢。

这次见面之后，他们开始共同写作《神圣家族》。在恩格斯负责撰写的部分，他对青年黑格尔派用以解决工人阶级贫困的方法，进行了猛烈的批判。此后，恩格斯很快投入到《英国工人阶级状况》的写作中。在这本书中，他系统地阐述了工人阶级的悲惨状况，将贫困问题放入社会关系的大框架下进行考察，凸显无产阶级和资产阶级的对立，唤起工人阶级的自我意识，让他们认识到自身的力量和使命，为共产主义革命实践做准备。

诚然，英国的工人阶级革命，并没有像青年恩格斯所预料的那样大规模爆发。不过，正如老年恩格斯在《英国工人阶级状况》1892年德文版序言中所说的——虽然英国工人阶级的状况得以改善，工厂主对工人的态度也有了极大的转变，但是工人阶级的灾难并没有消失，资本主义的剥削也并未减弱，扭曲的社会关系依然存在。总之，贫困问题始终是笼罩资本主义的一片乌云。

◆ ———————— ◆

拓展阅读

[1] [英] 亚当·斯密:《国民财富的性质和原因的研究》，商务印书馆 1983 年版。

[2] [英] 亚当·斯密:《道德情操论》，蒋自强等译，商务印书馆 1997 年版。

[3] [英] 马尔萨斯:《人口论》，郭大力译，北京大学出版社 2008 年版。

[4] [法] 托马斯·皮凯蒂:《21 世纪资本论》，巴曙松等译，中信出版社 2014 年版。

[5] [美] 大卫·哈维:《新自由主义简史》，王钦译，上海译文出版社 2010 年版。

工人运动需要什么样的理论

◆《英国工人阶级状况》中的插图：曼彻斯特及其郊区平面图

┌─────────── 编者按 ───────────┐

　　早在柏林时期，恩格斯就通过莫泽斯·赫斯接触
到了法国的社会主义和共产主义理论。不过，他在当
时的著述和书信中并没有特别关注社会主义和共产主
义的主题。1842 年 11 月到达曼彻斯特后，他开始全
身心地投入到工人状况的研究之中。英国工人运动的
屡屡失败，促使这位德国青年开始思考：工人运动到
底需要什么样的理论？为了回答这一问题，恩格斯开
启了对于以往社会主义和共产主义理论的系统研究。

└──────────────────────────────┘

　　恩格斯在 1842 年 10 月从柏林返回巴门时，特地拜访了《莱茵报》编辑部。在这一次拜访中，虽然他未能见到卡尔·马克思，却遇见了同为《莱茵报》编辑的莫泽斯·赫斯。赫斯在写给朋友的信中，这样描述他同恩格斯的会面：

　　去年，正当我准备去巴黎的时候，他（编者注：恩格斯）从柏林来科伦，我们讨论了当代的基本问题，并且当他这个

◆《莱茵报》编辑部

老资格的革命家同我分手的时候，已经是一位最热心的共产
主义者了。①

---

① ［法］奥古斯特·科尔纽：《马克思恩格斯传》第 1 卷，刘丕坤等译，生
活·读书·新知三联书店 1980 年版，第 484 页。

在 1843 年的《大陆上社会改革的进展》一文中，恩格斯自己也承认，赫斯是当时德国哲学共产主义一派中"第一个成为共产主义者的"①。在此前的柏林时期，恩格斯显然更加关心哲学问题，并没有在著述和书信中特别提及社会主义和共产主义的内容。即便如此，青少年时期的人生经历以及对社会政治问题的敏锐观察，悄然地向恩格斯打开了一扇通往共产主义理论的大门。

1842 年 11 月，在父亲的要求下，青年恩格斯前往位于曼彻斯特的欧门——恩格斯棉纺厂工作。曼彻斯特是当时英国著名的工业城市，遍布这座城市的工厂大规模地使用机器进行生产，同时也聚集了大量的产业工人。而在繁荣景象的背后，充斥着资本家对工人的压迫以及工人对于工厂制度的反抗。由此，曼彻斯特也是当时英国最强大的工人组织——宪章派的所在地。

当恩格斯到达曼彻斯特的时候，英国工人运动正转入低谷：英国议会第二次否决了宪章派递交的要求通过《人民宪章》

① 《马克思恩格斯全集》第 3 卷，人民出版社 2002 年版，第 492 页。

请愿书，3个月后的英国纺织工人大罢工也惨遭镇压。在这一背景下，这位德国青年迅速投身于英国工人运动的研究中。

用恩格斯自己的话说，他"抛弃了社交活动和宴会，抛弃了资产阶级的葡萄牙红葡萄酒和香槟酒，把自己的空闲时间几乎都用来和普通的工人交往"①。

在与英国工人阶级和宪章派领袖的密切交往中，这位年轻的革命者第一次感受到联合起来的工人阶级爆发出的惊人力量。在惊叹之余，一个问题萦绕于恩格斯的脑海中：为什么拥有强大力量的宪章运动一次又一次地失败？

为了回应这个问题，恩格斯开启了对英国社会状况的研究，包括英国的经济危机、党派斗争以及工人阶级状况等方面。他在短短的一个月内，先后写下了《英国对国内危机的看法》《国内危机》《各个政党的立场》《英国工人阶级状况》和《谷物法》。这些研究让恩格斯发现：

① 《马克思恩格斯全集》第2卷，人民出版社2005年版，第273页。

在工人和宪章派心目中惟一的指导思想——这种思想本来就是宪章派的——是采用合法途径的革命，这种思想本身就是矛盾，是实际上不可能的事，由于想要实现这种思想，他们遭到了失败。①

英国宪章派的失败让恩格斯意识到，尽管工人阶级拥有改变现状的力量，但由于缺乏正确的指导理论，总是陷入失败的境地。为了帮助工人阶级，这位德国青年以极大的热情开启了对于社会主义和共产主义思想的系统研究，1843 年 10 月写作的《大陆上社会改革的进展》就是这类研究的代表性成果。

从 1843 年初开始，恩格斯广泛阅读了英国"社会主义者以及部分宪章派的有说服力的经济论文"，包括约·瓦茨的《政治经济学家的事实和臆想》、威·汤普森的《最能促进人类幸福的财富分配原理的研究》以及约·弗·布雷的《对待劳动的不公正现象及其解决办法》等，完成了在政治经济学方面的思想启蒙。

---

① 《马克思恩格斯全集》第 3 卷，人民出版社 2002 年版，第 411 页。

同时，他还阅读了英国空想社会主义者罗伯特·欧文的许多小册子。欧文非常注重实践，选择以公社的形式来践行其理论。最开始，欧文在他所管理的工厂内实行财产公有，后来又带领一批追随他的工人到美国创办了"新和谐公社"，继续践行财产公有的原则。遗憾的是，这个公社仅维持了4年就宣告破产。

欧文的失败，恰好印证了青年恩格斯的观点：欧文的社会主义计划只是促使社会舆论更加赞赏解除社会贫困的一种实验，并不能真正地解除工人阶级的困境。

◆ 罗伯特·欧文（1771—1858），英国空想社会主义者

除了关注英国的社会主义思想之外，恩格斯还大量阅读了法国的社会主义和共产主义的刊物，例如伊加利亚派共产主义者的机关刊物《人民报》，以及包括圣西门、傅立叶、巴贝夫和卡贝在内的社会主义和共产主

义理论创始人的著作，例如查尔斯·傅立叶的《关于四种运动和普遍命运的理论》和卡贝·埃蒂耶纳的《伊加利亚旅行记》，等等。

此外，青年恩格斯还广泛阅读了与这一主题相关的多本著作，例如菲利波·米凯莱·邦纳罗蒂的《巴贝夫为平等而密谋的始末》、皮埃尔·约瑟夫·蒲鲁东的《什么是财产？或关于法和权力的原理的研究》等。在广泛涉猎法国社会主义和共产主义著作的过程中，他将目光聚焦于圣西门主义和傅立叶主义。

19 世纪 20 至 40 年代，当英国空想共产主义者欧文在美国建设"新和谐公社"的时候，法国的圣西门派和傅立叶派的空想社会主义在欧洲大陆上相当活跃。尽管这些理论只反映了对未来社会的带有空想性质的规划，但依然具有很高的价值，毕竟它们包含着对现存制度的激进批判。正因如此，恩格斯在其理论的成熟时期对这些空想社会主义者给予了非常高的评价。

在 1845 年 3 月写给马克思的一封书信里，在提及与赫斯、马克思共同出版一套《外国杰出的社会主义文丛》的时候，恩格斯是这样说的：

> 在这种情况下最好还是着眼于实际效用，牺牲理论的
> 需要，将那些能给德国人提供最多的材料和最接近我们原
> 则的著作排在前面；就是说，将傅立叶、欧文、圣西门主
> 义者等人的最优秀著作排在前面。摩莱里的著作也可以往
> 前放。①

◆ 昂利·圣西门（1760—1825），法国空想社会主义者

在 1842 年至 1844 年留居曼彻斯特期间，青年恩格斯由于缺乏对于资本主义经济制度的具体研究，尚未充分意识到法国空想社会主义在批判资本主义制度，尤其是经济制度方面的价值。

此时的恩格斯尤其反对圣西门派提出的经济原则。

① 《马克思恩格斯全集》第 47 卷，人民出版社 2004 年版，第 349 页。

概括地说，这一原则就是"按能力计报酬，按功效定能力"。恩格斯认同白尔尼对这一原则的看法，认为才能作为天赋的优越条件，不应该被给予额外的报酬。不过，他并未就这一观点给出更为具体的理由。

在圣西门派诸多的反对者中，最为著名的是法国空想共产主义者泰奥多尔·德萨米。他于1842年出版了政治学著作《公有法典》，系统反驳了圣西门主义。德萨米认为，圣西门一派主张以劳动能力为标准进行分配的方法并不公平，因为个人能力之所以呈现如此明显的差别，是由教育、家庭等社会条件的不平等导致的。不仅如此，人的能力除了包括体格、智慧、敏捷等方面，不同能力要素之间还可以相互补偿。"人的能力"是一个复杂的、难以比较的概念。总之，以德萨米为代表的共产主义者认为，圣西

◆ 沙尔·傅立叶（1772—1837），法国空想社会主义者

门提倡以劳动能力为标准进行分配的做法在现实中难以实现，最终只会沦为空想。

相较于圣西门主义，青年恩格斯更加赞赏傅立叶的理论。他认为，傅立叶第一个确立了社会哲学的伟大原理——自由劳动理论。

傅立叶的自由劳动理论阐述了两个重要观点：一是劳动和享受应当是同一的，在合理的制度下，人们可以根据自己的兴趣爱好而劳动。但是，资本主义制度把劳动和享受强行分开，劳动从而成为工人痛苦的源泉。二是当每个人都因其爱好而劳动的时候，一切个人劳动的总和，能够形成一种满足社会上所有人的需要的力量。

针对当时英法的空想社会主义者，恩格斯强烈谴责他们在政治上所流露出的改良主义倾向。这位革命青年认为，欧文一派对待资产阶级的态度太过温和，没有试图去改变现存的资本主义关系，只能算是资产阶级中的"善良者"。法国的圣西门主义和傅立叶主义同样如此，由于没有提供政治上的任何举措，所以只能沦为书斋中的理论。青年恩格斯对此的评价是：

前面我已经指出，在法国，任何一件事情要想得到全国的重视，就必须带有政治性质，否则就不会成功。圣西门和傅立叶一点也没有接触到政治，所以他们的计划没有成为全国共有的财富，只成了个人之间讨论的问题。①

除了在政治上过于温和，圣西门主义和傅立叶主义在经济上也不主张废除私有制。这一点同样令青年恩格斯非常不满。事实上，19 世纪的共产主义者和社会主义者非常热衷于在所有制和分配问题上展开论辩。以圣西门和傅立叶为代表的空想社会主义，基本上都主张按劳分配。对按劳分配的朴素解释，就是多劳多得。

可是，人的劳动能力总会有差别，这种差别又会表现为收入上的差别。这实际上意味着，根据"以能力定报酬"的原则，劳动能力更出众者将拥有更多的私有财产。毕竟，人的能力是受多种因素影响的复杂整体，所以，空想社会主义者根本无法准确地计算，一个勤勤恳恳的工人和一个管理整个工厂的资本家，到底谁付出了更多的劳动。于是，在当时的共产主义者看

---

① 《马克思恩格斯全集》第 3 卷，人民出版社 2002 年版，第 479 页。

来，"以能力定报酬"不仅是一种空想的分配制度，而且会纵容资本主义制度继续剥削工人。

巴贝夫在法国大革命期间提出的以"平等论"为核心的共产主义学说，就是当时的法国工人渴望公平的理论产物。这一学说的核心观点就是人人平等。赞同巴贝夫主义的共产主义者认为，工人阶级应当通过暴力革命的方式推翻资本主义制度，消灭私有制，实现财产的共有和个人消费品的平均分配。

在资源匮乏的时代，类似于巴贝夫共产主义的平均主义，必然陷入禁欲主义。因为只有充分限制人们的需求和欲望，才可能将有限的资源平均分配给所有的公社成员。相应地，当时的许多共产主义者都认为，共产主义社会依赖于道德，只有人人道德高尚才能实现理想的社会蓝图。这种观点本质上也是一种禁欲主义。

在年轻的恩格斯看来，绝对的平均主义和严格的禁欲主义是不可理喻的。他将巴贝夫一派看作是"粗暴的人"：

> 他们想把世界变成工人的公社，把文明中一切精致的

东西，即科学、美术等等，都当作无益的、危险的东西，当作贵族式的奢侈品加以消灭；这是由于他们完全不懂历史和政治经济学而必然产生的一种偏见。①

后来，巴贝夫主义被法国人卡贝提出的伊加利亚共产主义所取代。不过，伊加利亚共产主义同样没有得到青年恩格斯的青睐，因为这个学派主张基督教就是共产主义。这些"基督教的共产主义者"热衷于引用圣经中的话，特别是引用关于早期基督徒生活于其中的公社的描述，来证明共产主义的合理性和必然性。

这些观点在恩格斯看来是匪夷所思的，他无不讽刺地说：

可是这一切只表明，这些善良的人们不是最好的基督徒，尽管他们以此自居。因为他们如果是最好的基督徒，他们对圣经就会有更正确的理解，就会相信即使圣经里有若干段落会有利于注解共产主义，但是圣经教义的整个精神是同共产主义、同一切合乎理性的措施截然对立的。②

---

① 《马克思恩格斯全集》第 3 卷，人民出版社 2002 年版，第 480 页。
② 《马克思恩格斯全集》第 3 卷，人民出版社 2002 年版，第 483 页。

尽管法国空想共产主义有许多不足之处，但是，这并不妨碍马克思和恩格斯给予其很高的评价。他们客观地评价了巴贝夫、摩莱里、马布里等人的学说，认为这些粗糙的、直接的共产主义理论中依然蕴含着新世界的秩序。

◆ 威廉·克里斯蒂安·魏特林（1808—1871），德国裁缝，工人运动活动家，空想平均共产主义理论家

作为一位远离故乡的游子，身处曼彻斯特的恩格斯，格外关注社会主义和共产主义理论在德国的传播和发展状况。这一时期，他同样广泛阅读了德国共产主义者的文章，包括威廉·克里斯蒂安·魏特林创办的刊物《年轻一代》，以及魏特林的著作《和谐与自由的保证》《一个贫苦罪人的福音》等。

魏特林出生于普鲁士的马格德堡，他原本是一个普通的裁缝店帮工，在来往巴黎时接触到法国的工人运动和共产主义思想，随后加入了德国流亡者于 1834 年在巴黎建立的"流亡者

联盟"。1836 年，流亡者联盟中的无产阶级独立出来，创立了
"正义者同盟"。魏特林正是这一同盟的创建者和领导者之一。

恩格斯对这位无产阶级领袖给予了很高的评价。他既肯定
魏特林在瑞士各地创建的共产主义联合会的行动，也称赞魏特
林创办的期刊《年轻一代》：

> 这份杂志使人看到，杂志编辑为了取得一个政论家不
> 可或缺的、从不完备的教育中无法获得的历史知识和政治
> 知识，一定下过一番苦工。同时，这份杂志还使人看到，
> 魏特林总是努力把自己各种有关社会的观点和思想综合成
> 一种完整的共产主义学说。①

同时，恩格斯还对魏特林的新书《和谐与自由的保证》展
现出极大的兴趣。不过，虽然恩格斯被这位"德国共产主义创
始者"的毅力和热情深深打动，但是，他并不全然接受魏特林
的观点。在《大陆上社会改革的进展》一文中，恩格斯提到，
魏特林一派同伊加利亚共产主义者一样"主张基督教就是共产

---

① 《马克思恩格斯全集》第 3 卷，人民出版社 2002 年版，第 487 页。

主义"。很显然，恩格斯不能接受这种在基督教教义中寻找共产主义根源的做法。

共产主义既不立足于基督教，也不立足于朴素的平等观，那么，其根基究竟在哪里呢？

起初，恩格斯试图在德国古典哲学中寻找共产主义的根基。这种做法显然是受到了莫泽斯·赫斯的影响。1843 年前后，恩格斯广泛阅读了赫斯的作品，例如赫斯的《法国的共产主义者》《共产主义原则的统治形式》《欧洲三头政治》。在 1843 年写作的《大陆上社会改革的进展》一文中，恩格斯首次公开承认自己属于德国的哲学共产主义派，并且承认赫斯是这一派的先驱。

什么是哲学共产主义？这一理论最先是由莫泽斯·赫斯阐发的。他将费尔巴哈的宗教异化批判运用于对资产阶级私有制的批判，并主张共产主义是自黑格尔以来的德国古典哲学发展的必然结果。

曼彻斯特时期的青年恩格斯，在刚刚步入社会主义和共产

主义研究时，明显带有赫斯这位"引路人"的思想痕迹。不
过，他很快就意识到赫斯观点的局限性。青年恩格斯以往的经
历——无论是对于黑格尔的唯心主义的超越和对费尔巴哈哲学
的研究，还是在英国感受到的工人阶级的现实力量——都使他
清楚地认识到，与其说共产主义理论需要哲学，不如说当时的
德国古典哲学需要共产主义。

在恩格斯看来，德国古典哲学如果不能与关注现实问题的
共产主义相结合，如果只能解释世界而不能参与到改造世界的
活动中，就会失去它的全部意义。

> 我们现在应该完成的任务是这样的：我们这个党派必
> 须证明，德意志民族在哲学上所做的一切努力，从康德到
> 黑格尔所做的一切努力，要么毫无裨益——其实比毫无裨
> 益更坏，要么一切努力的结果应该是共产主义。①

就当时的欧洲状况而言，共产主义理论的现实意义就在
于，为工人运动确定一套正确的理论指导。无论是英国的空想

---

① 《马克思恩格斯全集》第 3 卷，人民出版社 2002 年版，第 492—493 页。

社会主义还是法国的空想社会主义，都未能做到这一点。

近两年的理论研究使恩格斯意识到，宗教、道德、政治乃至哲学都难以胜任这一工作。于是，他转向了经济领域。这个选择看似偶然，却是他关注英国社会现状的必然结果。

在 1885 年写作的《关于共产主义者同盟的历史》一文中，他回顾了这段思想转变历程：

> 我在曼彻斯特时异常清晰地观察到，迄今为止在历史著作中根本不起作用或者只起极小作用的经济事实，至少在现代世界中是一个决定性的历史力量，这些经济事实形成了产生现代阶级对立的基础；这些阶级对立，在它们因大工业而得到充分发展的国家里，因而特别是在英国，又是政党形成的基础，党派斗争的基础，因而也是全部政治史的基础。①

之后的一切就顺理成章了。青年恩格斯暂时搁置了社会

---

① 《马克思恩格斯文集》第 4 卷，人民出版社 2009 年版，第 232 页。

主义和共产主义的理论研究，开始广泛阅读政治经济学家的著作。

当恩格斯看到亚当·斯密、大卫·李嘉图等古典政治经济学家对工人的悲惨状况漠然置之时，这位热心的革命者意识到，现有的政治经济学理论只是资产阶级的经济学，是不可能为共产主义服务的。

于是，青年恩格斯走出书斋，认真观察英国的经济状况和工人的生活状况，书写属于无产阶级的政治经济学。1844 年前后，他撰写了《国民经济学批判大纲》《英国状况》三部曲和《英国工人阶级状况》，正式开启了政治经济学研究。

这项工作最终由马克思接手，但青年恩格斯的贡献是不容忽视的。他从空想社会主义理论中发现了经济研究的重要性，又从政治经济学研究中觉悟到无产阶级必须创造自己的政治经济学理论。这两个重要转变，直接将欧洲工人运动的理论指引到一条正确的道路上。

1844 年 8 月，恩格斯离开曼彻斯特前往巴黎，并在巴黎与

◆《英国工人阶级状况》第 1 版

马克思完成了第二次会面。恩格斯带着自己的共产主义理论和政治经济学理论，出现在马克思的面前，而此时的马克思正好通过哲学批判进入到共产主义领域。于是，两位伟大的无产阶级导师发现彼此的奋斗目标惊人的一致：为工人运动提供正确的理论。围绕着这个目标，他们开启了长达 40 年的合作。

拓展阅读

[1] 朱传棨：《恩格斯哲学思想研究论稿》，人民出版社 2012 年版。

[2] ［德］魏特林：《自由与和谐的保证》，孙则明译，商务印书馆 1960 年版。

[3] [法] 摩莱里:《自然法典》,黄建华、姜亚洲译,商务印书馆 1982 年版。

[4] [法] 德萨米:《公有法典》,黄建华、姜亚洲译,译林出版社 2011 年版。

[5] [法]《傅立叶选集》第二卷,赵俊欣等译,商务印书馆 2009 年版。

[6] [法]《圣西门选集》第二卷,董果良、赵鸣远译,商务印书馆 2009 年版。

[7] [英] 戴维·麦克莱伦:《恩格斯传》,臧峰宇译,中国人民大学出版社 2017 年版。

[8] [民主德国] 曼·克利姆:《恩格斯文献传记》,中央编译局译,湖南人民出版社 1986 年版。

[9] [德] 霍尔斯特·乌尔利希:《恩格斯的青年时代》,马欣译,生活·读书·新知三联书店 1980 年版。

倒不如给政治经济学换个新路标吧

◆《英国工人阶级状况》中的插图

┌─ 编者按 ─┐

　　面对青年德意志、青年黑格尔派、空想社会主义等一系列新兴思潮，青年恩格斯好似一只百花园里的蜜蜂，在五光十色的甜蜜诱惑下难以取舍。正当他彷徨迷茫之时，前往曼彻斯特的旅程，帮助恩格斯按下了改变人生发展方向的启动键。在这重要的分岔路口，名为"政治经济学"的路标正在等待青年恩格斯的经过。一段充满挑战和戏剧性的旅程就此开启，并最终促成青年恩格斯走上唯物史观的大道。

　　1842 年的冬天注定不平凡。那时，谁也无法预料，19 世纪将迎来最宏大的思想革命。10 月初，年轻的普鲁士炮兵、22 岁的弗里德里希·恩格斯结束了他在柏林为期一年的志愿兵生涯，正打算返回家乡巴门。

　　服役期间，这个致力于挣脱传统家庭氛围，尤其是虔诚派宗教精神桎梏的"叛逆"青年，趁着空隙时间在柏林大学旁听了谢林等人的哲学课程和讲座。很快，恩格斯便投身盛极一时的青年黑格尔派，并与鲍威尔兄弟等青年黑格尔派成员产生了密切的联系。

不过，正如他在 1842 年 7 月下旬写给卢格的信中所说的那样，自己仍需要更多的学习：

> 我还年轻，是个哲学自学者。我所学到的知识足以使自己形成一个信念，并且在必要时捍卫它；但是要想有效地、有的放矢地为这种信念去工作，这些知识还不够。我当了"兜售哲学的人"。人们就会对我提出更高的要求，而且我没获得博士文凭，也就无权探讨哲学问题。我希望，当我再写点什么，同时署上自己的名字的时候，能够满足这些要求。①

在返回巴门的途中，恩格斯前往科隆，与《莱茵报》编辑同时也是发起人之一的莫泽斯·赫斯见面。赫斯鲜明的共产主义立场在青年黑格尔派中独树一帜，为尚处在彷徨中的青年

---

① 《马克思恩格斯全集》第 47 卷，人民出版社 2004 年版，第 301 页。

恩格斯指明了前进方向。

仅休整了不足一个月，恩格斯在 1842 年 11 月再次离开家乡巴门，前往英国工业中心——曼彻斯特。从表面上看，恩格斯进入父亲名下的位于曼彻斯特的棉纺厂办事处工作；实际上，他相当于成功进入了当时欧洲经济最发达、阶级斗争也最激烈的工业腹地。

◆ 阿尔诺德·卢格（1802—1880），德国政论家，青年黑格尔派代表人物；1843—1844 年同马克思一起筹办并出版《德法年鉴》

在曼彻斯特，恩格斯实地考察了英国的政治关系和社会关系。他切身经历了辉格党、托利党、宪章派等多种政治力量在议会中的斡旋和博弈，认清了英国资产阶级政党为争夺物质利益而展现出的贪婪和伪善。惊动欧洲的宪章运动也正以曼彻斯特为中心，如火如荼地进行着。英国工人阶级反抗压迫和剥削的斗争力量逐渐强大，犹如星星之火，点燃了青年恩格斯的革命热情。

◆ 19 世纪 40 年代的曼彻斯特

不仅如此，恩格斯还目睹了英国工人阶级状况的日益恶化。即便与德法等国的工人相比，曼彻斯特地区的工人们可以"惬意"地喝茶饮酒，甚至每天都能吃上肉，也不能回避残酷的现实——绝大部分工人的生活朝不保夕，失业危机的阴霾始终无法散去。工人们所获取的一切，都是牺牲闲暇甚至健康换取的。

英国工业社会的真实一面，促使恩格斯开始关注和思考导致经济波动乃至经济危机的根源，尝试揭开隐匿在繁荣表象下的阴暗面。

他不仅持续关注英国乃至欧洲大陆的改革情况，与无产阶级的中坚力量保持密切联系，收集了大量有关社会经济状况、政党斗争与改革、阶级斗争与社会主义革命进展的现实材料，还担任宪章派机关报《北极星报》和罗伯特·欧文主编的《新道德世界》的撰稿人。这些珍贵的一手资料和实践经历，共同构成了青年恩格斯开展政治经济学批判的现实基础。

1843 年秋天，恩格斯开始为《德法年鉴》的创刊号撰稿。从那年的初秋到深冬，他用了大约 4 个月的时间，完成了自己人生中的第一本社会科学专著——《国民经济学批判大纲》（以下简称《大纲》）。

可以说，青年恩格斯撰写《大纲》的理论基础，远不及其现实基础丰厚。毕竟，在撰写《大纲》的同时，他还在忙着关注和报道英、法、德乃至欧洲其他国家的政党斗争与社会主义运动状况。自然地，他在经济理论的研读上略显单薄，其关注重点主要是 1828 年版的《国富论》及其序文。但不得不承认，正是深入英国社会底层、斗争最激烈之处所获取的现实素材，而非浩如烟海的理论资料，促使青年恩格斯较为超前地进入到政治经济学的问题域，在"曼彻斯特考察"的基础上进行了首次义愤填膺而掷地有声的理论尝试。

　　在《大纲》中，恩格斯站在共产主义的立场上，结合"曼彻斯特考察"的既有经验，历史性地考察和批判了资本主义经济现象以及资产阶级政治经济学。从重商主义的商业垄断到自由主义的市场竞争，18 世纪经济学革命的不彻底性和资本主义经济体系背后隐匿着的根本矛盾，被他一语道破。

◆ 亚当·斯密（1723—1790），英国经济学家，资产阶级古典政治经济学的代表人物

◆ 大卫·李嘉图（1772—1823），英国经济学家，资产阶级古典政治经济学的代表人物

面对国民经济学家们阐述的资本主义经济运行规律，恩格斯激昂愤慨地指出，经过美化的自由竞争体系使资产阶级的不道德到达了极点。他还极富开创性地将资产阶级私有制同这种竞争关系及其矛盾直接联系起来，点明私有制是自由竞争的根本前提，更是造成资本主义社会中一切矛盾、对立和分裂状态的根源。

亚当·斯密和李嘉图等代表资产阶级利益的古典经济学家，都试图从资本主义经济蓬勃发展的繁荣景象中，阐释和辩护资本主义经济秩序，从而使新兴资产阶级在政治和阶级斗争中立于不败之地。在《大纲》中，恩格斯反复批判他们在阐述价值、地租、资本、劳动等经济学范畴时，将自由竞争及其私有制前提视作永恒的自然秩序，而"没有想去过问私有制的合理性的问题"①。

在血气方刚的青年恩格斯眼中，与重商主义赤裸裸的自私与贪婪相比，古典经济学家的做法不过是以虚伪的人道与文明，遮掩闻所未闻的非人化与野蛮：

① 《马克思恩格斯文集》第 1 卷，人民出版社 2009 年版，第 57 页。

　　那时大家就会明白，贸易自由的捍卫者是一些比旧的重商主义者本身更为恶劣的垄断者。那时大家就会明白，在新经济学家的虚伪的人道背后隐藏着旧经济学家闻所未闻的野蛮。①

　　新的经济学，即以亚当·斯密的《国富论》为基础的自由贸易体系，也同样是伪善、前后不一贯和不道德的②。

穆勒作为斯密思想的继承者，麦克库洛赫作为李嘉图学派最后的拥护者，更是对自由竞争体系下日益凸显的种种矛盾视而不见，在理论诡辩中粉饰摇摇欲坠的自由主义大厦。恩格斯准确地洞察了政治经济学家的劣根性，痛斥他们"离我们的时代越近，离诚实就越远。时代每前进一步，为把经济学保持在时代的水平上，诡辩术就必然提高一步"③。经济学家为了让自由主义抵御时代的洪流便谎话连篇，为了维护资产阶级的切身利益就装聋作哑，面对水深火热中的工人阶级却置若罔闻。

---

① 《马克思恩格斯文集》第 1 卷，人民出版社 2009 年版，第 59 页。
② 《马克思恩格斯文集》第 1 卷，人民出版社 2009 年版，第 58 页。
③ 《马克思恩格斯文集》第 1 卷，人民出版社 2009 年版，第 59 页。

　　《国民经济学批判大纲》的天才之处，并非像斯密和李嘉图那样构建了一套精彩绝伦的理论体系。毋宁说，尚处在理论探索阶段的恩格斯，敢于站在无产阶级立场上，跳出自由竞争这个庞大的牢笼，用"私有制批判"这把利刃，在国民经济学家们编织的资本主义幻境中，硬生生撕开了一道通往现实的裂缝。

　　恩格斯，这位年轻气盛却心怀悲悯的工厂主之子，没有像其他政治经济学家那样高高在上、睥睨众生，而是数次走进曼彻斯特的贫民区，与工人运动的领袖们成为挚友。

　　他既亲历了资本主义工厂制度所带来的物质繁荣，又时刻对工人们所处的遥遥无期的昏暗生活、被剥削和压迫而心怀悲

◆《英国工人阶级状况》中的插图

悯。他敏锐地捕捉到资本与劳动的分裂以及愈发激烈的阶级冲突。一场巨大的社会危机，如同暗夜前的猛兽那般伺机而动。

当然，与恩格斯成熟时期的作品相比，这篇文章更多地具有历史文件的意义，有很多不确切的地方。1871 年，当得知威廉·李卜克内西打算在德国社会民主党的机关刊物《人民国家报》上，重新刊载这篇"天才大纲"时，年过半百的恩格斯却在信中表示：

> 现在把《德法年鉴》上我的那篇旧文章重新刊载在《人民国家报》上是无论如何不行的。这篇文章已经完全过时，而且有许多不确切的地方，只会给读者造成混乱。加之它还完全是以黑格尔的风格写的，这种风格现在也根本不适用。这篇文章仅仅具有历史文件的意义。①

恩格斯非但自己作了上述说明，甚至还让马克思在同一天的回信中转达了这层意思——"恩格斯要我转告你，他在《德法年鉴》上的文章现在只具有历史价值，因而已经不适用于实

---

① 《马克思恩格斯全集》第 33 卷，人民出版社 1973 年版，第 209 页。

际宣传"[1]。这足以表明，恩格斯并非在自谦，而是《大纲》本身保留了他青年时期尚未成熟的行文风格和思想特质。

正因如此，尽管晚年恩格斯不止一次地收到再版《大纲》的邀约，但都明确拒绝了。在叶·埃·帕普利茨翻译的俄文版《大纲》的回信中，64岁的恩格斯毫不避讳地表露了对这篇代表作的自豪之情，同时也诚恳地道出了他的顾虑：

> 您认为把我那本《大纲》翻译过去是有益的，这使我感到非常荣幸。虽然我至今对自己的这第一本社会科学方面的著作还有点自豪，但是我清楚地知道，它现在已经完全陈旧了，不仅缺点很多，而且错误也很多。我担心，它引起的误解会比带来的好处多。[2]

正是24岁的才情和果敢，为年轻的恩格斯架设起了通向新世界观的道路；亦是24岁的质朴和纯粹，让年迈的恩格斯拥有坦然自省的魄力。

---

[1] 《马克思恩格斯全集》第33卷，人民出版社1973年版，第208页。
[2] 《马克思恩格斯全集》第36卷，人民出版社1975年版，第172页。

青年恩格斯在批判自由竞争关系及其私有制前提时，是从生产要素的分裂和对立出发的。事实上，这几乎已经触碰到了社会生产关系这一关键概念。不过，他此时的理论更偏向经验性，且带有明显的人本主义色彩，故而停留在从资本与资本、劳动与劳动、土地与土地占有这些同质要素之间的对立来描述竞争关系。《大纲》虽明确指出了私有制前提的不合理性，但无法将其从经济学维度上的竞争关系以及政治学维度上的阶级斗争关系，推进到社会历史层面对资本主义生产关系及其内在矛盾的批判上。

终是瑕不掩瑜，《国民经济学批判大纲》成功地引发了当时作为《德法年鉴》主编的马克思的共鸣，并于 1844 年 2 月发表在《德法年鉴》创刊号上。此时正苦恼于如何用哲学来解释物质利益问题的青年马克思，从这篇被他誉为"批判经济学范畴的天才大纲"中，得到了梦寐以求的指引和灵感。

时间再次拨回 1842 年的秋天。彼时 22 岁的恩格斯从柏林返程，归途中顺路拜访《莱茵报》编辑部，此时的马克思却因为觉得喧闹而放弃了上半年移居科隆的计划，仍在波恩暂住。两人因此错过了第一次见面的机会。同年的 11 月底，恩格斯在赴曼彻斯特的途中再次拜访编辑部，终于与马克思相遇。不过，恩格斯在其生命末年的回忆中却说，那是"十分冷淡的初次会面"①。

即使第一次会面以冷淡收尾，也丝毫没有影响两位充满理想和斗志的青年人擦出思想的火花。在前往曼彻斯特的第一年，因接受了马克思的邀约，恩格斯为《莱茵报》连续供稿5篇，详细报道了英国工业中心的社会经济发展现实和政治斗争情况。

时间飞逝，1844年8月，恩格斯从曼彻斯特返回巴门的途中，专程前往法国巴黎拜访马克思。两人在雷让斯咖啡馆相谈甚欢。恩格斯在《关于共产主义者同盟的历史》中回忆这段时光时说道：

> 当我1844年夏天在巴黎拜访马克思时，我们在一切理论领域中都显出意见完全一致，从此就开始了我们共同的工作。②

---

① 《马克思恩格斯全集》第39卷（上），人民出版社1974年版，第452页。
② 《马克思恩格斯文集》第4卷，人民出版社2009年版，第232页。

在马克思的回忆中，自从《大纲》发表之后，他同恩格斯便不断地通信交换意见。在他看来，恩格斯最终从另一条道路得出了同他一样的结果。①

与马克思的出发点不同，青年恩格斯对唯物史观"另一条道路"的探索，根源于对发达资本主义国家尤其是处于工业革命的英国的现实考察与批判。《大纲》一文标志着青年恩格斯先于青年马克思进入政治经济学领域。

甚至可以说，青年恩格斯对资产阶级私有制及重要经济学范畴的开创性批判，为青年马克思指明了理论方向，促使马克思开启了长达数十年的政治经济学批判。从《巴黎手稿》到《政治经济学批判》《资本论》，无不体现着恩格斯的这篇"天才大纲"对马克思的深远影响。

写完《大纲》后，恩格斯并未就此停下脚步。他把政治经济学批判的理论空间留给了马克思，自己则进一步考察发达资

---

① 参见《马克思恩格斯文集》第 2 卷，人民出版社 2009 年版，第 592—593 页。

本主义国家的经济事实。

这种转向并非是无迹可寻的。

从《大纲》的整体思路来看，恩格斯主要从竞争关系的不道德性角度展开私有制批判，但资本与劳动相分离和对立的线索也与之并存。在《大纲》的结尾部分，恩格斯不仅尝试对资本与劳动的斗争关系进行专门阐述，还借鉴了斯密《国富论》第八章中所描述的工资争议问题。这说明，劳资之间的斗争性及其背后的工厂制度的弊端问题，在青年恩格斯的脑海中愈发清晰。

在青年马克思与恩格斯的第二次会面之前，1844 年的春天，恩格斯以"英国状况"为主题，陆续完成了三篇分别反映英国社会主义理论发展状况、英国工业革命与资本主义社会经济发展状况以及英国宪政制度变迁的文章。

"英国状况"三部曲，虽不是交响曲中最波澜壮阔的乐章，却凝结了恩格斯对英国社会的经济运行、政治制度、革命斗争等全方位的田野调查的成果，为通向唯物史观的道路做了最生动细腻的铺垫。

回忆新世界观诞生的这段历史，恩格斯精妙绝伦地概述了他在曼彻斯特时期的心路历程，更是全面呈现了自己在青年时代撰写"英国状况"三部曲对于共产主义事业发展的重要意义。[①]

恩格斯于1843年初阅读了托马斯·卡莱尔的《过去和现在》一文，并以解读和批判该文作为"英国状况"的总绪论。

在青年恩格斯看来，卡莱尔作为"有教养人士"中唯一关注和研究英国社会状况及其问题的人，尽管指控了18世纪英国腐败不堪而丧失秩序的政治状态、旧的社会关系瓦解带来的精神空虚和思想贫乏等现实状况，却停留在德国泛神论的、非历史的理论层面，将这一切混乱都归结于宗教神学的瓦解，陷入理论与经验难以调和的矛盾之中。[②]

1885年回顾自己青年时代关于英国状况的考察时，恩格斯说道："我在曼彻斯特时异常清晰地观察到，迄今为止在历史著作中根本不起作用或者只起极小作用的经济事实，至少在现代

① 参见《马克思恩格斯文集》第4卷，人民出版社2009年版，第232页。
② 参见《马克思恩格斯全集》第3卷，人民出版社2002年版，第510—511页。

世界中是一个决定性的历史力量。"①

恩格斯紧接着考察了 18 世纪的社会革命发端于英国而非德法等国的背景与后果。英国工业革命带来了翻天覆地的生产方式的变革，也给青年恩格斯造成了强烈冲击，促使他对英国工厂制度和社会各阶级状况进行了史诗般的描述。

工业极其迅猛地进步和革命，既产生了巨额的"国民财富"，也产生了广泛的贫困和穷苦；既将资产阶级送上政治的巅峰，也将无产阶级带入历史的舞台。"18 世纪在英国所引起的最重要的结果就是：由于工业革命，产生了无产阶级。"②

工业革命将整个英国社会分化成土地贵族、金钱贵族和一无所有的工人阶级③，三个阶级之间的斗争推动着历史车轮滚滚向前。对此，恩格斯恍然大悟：

---

① 《马克思恩格斯文集》第 4 卷，人民出版社 2009 年版，第 232 页。
② 《马克思恩格斯全集》第 3 卷，人民出版社 2002 年版，第 546 页。
③ 参见《马克思恩格斯全集》第 3 卷，人民出版社 2002 年版，第 547 页。

这些经济事实形成了产生现代阶级对立的基础；这些阶级对立，在它们因大工业而得到充分发展的国家里，因而特别是在英国，又是政党形成的基础，党派斗争的基础，因而也是全部政治史的基础。①

◆ 1844 年的伦敦

在《大纲》中尚属于暗线的劳资斗争问题，此刻已然清晰立体地呈现在恩格斯面前。

---

① 《马克思恩格斯文集》第 4 卷，人民出版社 2009 年版，第 232 页。

有了充分的现实材料作为支撑，恩格斯迫不及待地要将表面上冠冕堂皇的新装撕破，让全世界看到千疮百孔、鲜血淋漓的英国现实。他思来想去，最终决定拿英国的政治制度开刀。

恩格斯揭示了英国宪法中权力的垄断和肢解，以及英国宪法与君主立宪制间的尖锐矛盾。[①] 其光鲜表面的背后，是立法基础被随意践踏和抛弃，是资产阶级亡羊补牢般的谎言和欺骗，是无产阶级受到无尽的压迫和凌辱。终于，恩格斯从走向现实的理论探索中，道出了社会主义诞生的必然性，拼上了英国状况板块的最后一块拼图。

至此，青年恩格斯已历尽千帆，时刻准备着开启新世界的大门。殊途同归的青年马克思与青年恩格斯，终在 1844 年那个如他们的思想般炙热的盛夏合流，共同创立了历史唯物主义原理，进而指明了无产阶级的历史使命。

返回巴门的恩格斯，继续保持着共产主义战士的激情和革命理论家的清醒，不断给马克思提供德国现实状况的反馈，反

---

① 参见《马克思恩格斯全集》第 3 卷，人民出版社 2002 年版，第 547 页。

复提及工人阶级对共产主义理论的了解情况。

孜孜不倦的现实考察，不仅构成恩格斯的一贯作风，还为他提供了下一阶段的创作和实践灵感。他在科隆逗留了3天，惊叹于这里共产主义宣传的活跃程度，同时发现贫瘠的理论支持让人们感到犹豫和不安，工人阶级反对旧社会制度的方式也落后于英国。更有意思的是，他评价卡莱尔的文章在群众中获得了极好的声誉，而《大纲》这样的经济学文章却没有太多的读者。[①] 在同马克思的通信中，恩格斯说道："那里的人非常活跃，但也非常明显地表现出缺乏必要的支持"[②]，"关于共产主义实际上能否实行的问题，德国人都还十分不清楚"[③]。

愈发严峻的现实，让恩格斯再也无法压抑心中熊熊燃烧的烈火。他意识到，自己当前最要紧的任务就是向全世界控诉资产阶级所犯下的种种罪行，揭露他们榨取利益、剥削和压迫无产阶级的各种伎俩。这样做，不仅比政治经济学批判更容易引

---

① 参见《马克思恩格斯全集》第47卷，人民出版社2004年版，第321页。
② 《马克思恩格斯全集》第47卷，人民出版社2004年版，第320页。
③ 《马克思恩格斯全集》第47卷，人民出版社2004年版，第320—323页。

发群众的共鸣，也好让许许多多缺乏理论和现实依据却愿意参与阶级斗争的无产阶级中坚力量得到必要的指导。

因此，他一边叮嘱和督促马克思完成他的政治经济学著作，另一边则继续挖掘经济事实中的核心问题，以一部不同凡响的英国社会史著作——《英国工人阶级状况》，打响了自己青年时代的最后一枪。

恩格斯以考察现实状况和开展斗争实践为底色的探索之路，虽然崎岖且青涩，却真真切切找到了理论批判与实践批判的契合点，赋予了历史唯物主义以理论的厚度与实践的归宿。

回过头看，作为政治经济学批判的开拓者，恩格斯后来为何放弃了这个指引着马克思与他在分岔路口相遇的重要领域呢？如果这么想，就低估了恩格斯作为共产主义革命领导者的魄力和格局。

马克思能够继续深耕于政治经济学批判，离不开其扎实的哲学基础和缜密的逻辑思维。其任务在于阐发社会生产关系及其发展的历史规律，揭示为何资本主义必然走向灭亡。与之不同，恩格斯作为弗里德里希家族的继承人，拥有更丰富的考察经济现实的机会与经验。其任务在于发现实现共产主义的方式与力量，揭示资本主义将以何种方式和路径走向共产主义。

"伍珀河谷的共产主义已经成为现实，甚至已成为一种力量。"①

政治经济学批判与科学社会主义，作为领导无产阶级革命的科学理论，相互依存，不可或缺。尽管自谦是"第二小提琴手"，但青年恩格斯那青涩却依然具有启发性的成果，理应得到正名。

◆ ———————— ◆

拓展阅读

[1] [英] 亚当·斯密:《国民财富的性质和原因研究》，蒋自强等译，商务印书馆 2014 年版。

[2] [英] 大卫·李嘉图:《政治经济学及赋税原理》，

---

① 《马克思恩格斯全集》第 47 卷，人民出版社 2004 年版，第 344 页。

郭大力等译，商务印书馆 1962 年版。

[3] 陈岱孙:《从古典经济学派到马克思》，商务印书馆 2014 年版。

后记

青年时期的恩格斯还不是后来人们心中"马克思背后的男人",年纪轻轻的他涉猎广泛、视野开阔、经历丰富、独当一面,在实践与理论的相互促进中探索着社会变革的可能。

要想真正了解青年恩格斯的思想贡献,就必须了解他所处时代的社会状况以及在那个时代激荡的各种思想,因为任何一种思想都是特定时代的产物。这本书不仅给我们展示了一个年轻人如何在思想的大海中航行,从社会现象的观察中激发变革现实的渴望,也为我们展示了这位年轻人如何在 19 世纪的工业革命和社会动荡中,一步步地构建他心中理想社会的图景。

本书正文共包括 9 个章节。其中,"初生牛犊:少年恩格斯的文学之路"的撰写人是左家齐、"青年恩格斯与青年德意志的'纠葛'"的撰写人是杨晓蓉、"青年恩格斯的'橡树'与文学榜样白尔尼"的撰写人是刘逸心、"从不来梅的通讯员到曼彻斯特的'司令'"的撰写人是王瀚晨、"从哲学旁听生到青年黑格尔派成员"的撰写人是李骄杰、"哲学自学者的谢林批判"的撰写人是刘浚哲、"一位工厂主的儿子对贫困问题的思考"的撰写人是丰云、"工人运动需要什么样的理论"的撰写人是李晓洁、"倒不如给政治经济学换个新路标吧"的撰写人是欧阳语心。全书的校对工作由宋姝瑶和丰云负责，全书的体例和内容由李志负责校订。

自恩格斯诞生至今已经过去两个世纪，21世纪的青年人能否与19世纪的恩格斯产生思想上的共鸣？作为青年一代，阅读恩格斯会让我们收获什么？作为读者并且作为作者的"我们"，将给出如下回应：

左家齐：一年多前，在某个温暖的午后，当我第一次翻开18岁的恩格斯与友人的通信时，几乎一下子就被这个活泼、热血的青年深深吸引。原来，在200年前的巴门市，年少的恩格斯也曾和我们有着相似的成长经历：结识三五好友，醉心于浪漫的诗歌散文，守在知识的田野里耕耘不辍。当然，他也有自己的成长烦恼：与保守的家庭环境相抗争，从质疑到抨击落后、愚昧的虔诚主义宗教氛围，与严酷的普鲁士书报检查令作斗争……如果说，在既往研究者的成果中，我们眼中的恩格斯往往是一位崇高的老者，一位全世界无产阶级革命导师，一位科学共产主义理论的创始人，那么在这本书中，他将短暂地搁置沉重的头衔，重新洋溢起青春时的热血洒脱，向今天的年轻人讲述他的过去、他的成长与成熟。我相信，在读罢本书时，很多读者也会像我们这些创作者一样，不由得说出一句"看，这才是青年恩格斯"的感叹。也正是这样，我们才切身地感受到：原来恩格斯的形象从来不是遥远的、艰涩的，而就在我们阅读的触手可及处。

杨晓蓉：对青年恩格斯的研究是一项既轻松又欢快的工作，研究间隙时常伴随着组员们的欢声笑语和盛情激辩，气氛异常活跃。不管是在武汉大学第一教学楼自习、在樱花大道漫步还是在振华楼门口晒太阳，都能看到我们讨论青年恩格斯的身影。我们聊的恩格斯，可不仅仅是个追求人类解放的社会主义者，更是一个有感情、有生活的同我们一般的青年。所以，不同于以往关于恩格斯的严谨学术讨论，这里不是对其冷冰冰的学术形象的思考。阅读恩格斯早期的书信，我仿佛感受到一个鲜活的恩格斯正在与我开始一场别开生面的对话。我好似能够和这位老朋友在咖啡馆里约会，听他分享骑马、击剑、游泳、旅行等活动中的趣事，与其畅聊文学诗歌、音乐绘画、爱情理想，等等。恩格斯这家伙对文学真是痴迷啊，他对文学的激情创作让我忍不住从某个角度去触碰他，去回溯他过往的人生。正是这一路的追寻，我竟然陷入到青年德意志这个"纠葛"中。

刘逸心：长期以来，我所接触到的马克思与恩格斯，是在重重滤镜背后显现的伟大导师形象。他们仿佛站在高处向人间投射自己冷峻的目光，用科学的理论剖析社会、分析历史，是取得了天火的普罗米修斯而非我辈凡人。然而，随着对恩格斯早年文本的阅读，他的诗歌、散文、书信中所传达的一个时代青年那种真挚而热烈的感情，颠覆了我曾经的认知。在作为无产阶级的伟大导师进入我们的政治、历史课本之前，恩格斯首先是一个生活在 19 世纪的鲜活的人，他有着自己的喜怒哀乐，有着自己的成长历程。尤其在他与亲友的书信中，我看到恩格斯如何用生动活泼的语言，偶尔还有几幅潦草但传神的简笔画，分享他的生活、他的思考，顿时感觉恩格斯的形象是那么亲切友好，也让我更能从一个现实的、鲜活的"人"的角度去感受恩格斯。

王瀚晨：你是否也会好奇，作为商贾教徒之子的恩格斯，为何会与军事结缘？最明显的原因似乎是因为他曾在柏林炮兵营中服役。不过，在阅读青年恩格斯的书信、文本的过程中，我发现，军事的萌芽其实早早地根植于恩格斯思想的革命性中。文学作品中的英雄形象为其军事思想的发展提供了土壤，柏林时期接触的先进思想、政治主张为其提供了养料。此外，他不仅服了兵役，更是多次参与革命运动，在一次次身体力行的实践中积累经验、增长见识。沿着恩格斯的军事思想发展轨迹，我"见证"了他从一个初到不来梅时有些不如意的少年，渐渐成为一位成熟的共产主义者。几经波折的人生旅程，也为我上了生动的一课：不要让别人规定自己的人生，坚定信念，做自己认为对的事。

李骄杰：加入本项目并参与到最终作品的写作，无疑是我学术生涯中一段非常宝贵且深刻的经历。在项目开始之初，我们团队对恩格斯青年时期的书信进行了系统的整理和研究。这些书信中，恩格斯表达了他对当时社会、政治、哲学等问题的深刻见解，展现了他作为一个思想家的敏锐和远见。在恩格斯身上，我看到了哲学家与自己时代的羁绊。任何思想的成熟，都离不开与同时代先进思想的交流与碰撞。青年恩格斯作为一名"哲学自学者"，始终关注着德意志前沿思想的演进历程，并积极参与到各种思想论战中去，逐步从青年黑格尔派的追随者到同行者，最终实现对旧日思想的超越。恩格斯向我们证明了，哲学绝不是从书本中来到书本中去的僵死词句，而是就在我们身边的时代精神的精华。作为恩格斯的后继者，我们要书写关于自己时代问题的文章，把文章写在祖国的大地上。

刘浚哲：在阅读的过程之中，我越来越倾向于认为，恩格斯的"反谢林论"在很大程度上奠定了他的思想基调。也就是说，恩格斯的全部思想都是以扬弃某种黑格尔主义为基石的，只是从早期的、直接的、激进的批判黑格尔主义演变为晚期的、隐秘的批判黑格尔主义为线索。这种线索最为复杂的也是最有张力的体现，就是他的《自然辩证法》：第一，当恩格斯不断地试图指出"辩证法"与"体系"的矛盾的时候，他已经清楚地意识到，正是以往旧哲学中片面的、封闭的体系扼杀了辩证运动的可能。第二，恩格斯对于黑格尔主义的借鉴，完全是革命的——恩格斯以他的敏锐把握到了理论上的阶级斗争的必要性，并且无情地揭穿了意识形态纷争背后的东西。

丰云：走近历史人物是一件有趣的事情，因为他们的思想和行为是时代背景与个人抉择的有机结合。但是，了解历史人物也是一件复杂而艰难的旅程，因为后世的每一次描绘和转述都给他们的形象蒙上一层薄纱，使其日益模糊。要想窥见他们的真容，就需要一层一层剥掉加诸在他们身上的各种标签，回溯到他们所处的时代，了解当时他们内心的挣扎。在对青年恩格斯文本和书信进行探究的过程中，最让我触动的是：作为一个生而衣食无忧的人，他本可以选择忽视底层人民的疾苦，然而他却跨越了阶级的界限，始终选择坚定地站在无产阶级一边，用思想和行动去探究和解决贫困问题。恩格斯一直提醒着我们，即使处于有利的社会地位，也可以选择关注普通人的境况。做人如是，做学问亦如是。

李晓洁：在对文本包括书信进行全面、细致的研究之前，我一直觉得恩格斯不擅长理论研究，因为马克思主义哲学自创立以来，理论部分似乎主要由马克思负责。但研究后我发现，恩格斯理论研究的能力和贡献被严重低估了。他在曼彻斯特时期阅读了非常多的书籍、论文、报刊，涉及政治经济学、哲学、社会历史、法律政治等方方面面。在开展这种几近全面的理论研究的同时，恩格斯也"输出"了很多文章。这些理论工作均是这位年仅22岁的青年在两年之内，一边"打工"一边完成的，为的是替遭受压迫的工人阶级找到正确方向。在我了解了恩格斯在曼彻斯特时期的经历特别是他的理论研究工作之后，我生动地感受到恩格斯对于无产阶级事业的热情，冥冥之中，这位革命导师的热情好像也透过纸笔来到了"我"的面前。

欧阳语心：在参与书稿编写之前，我对恩格斯本人其实没有非常深刻的印象。对于马克思人格魅力的追随者来说，恩格斯常常作为低调的"第二小提琴手"和雪中送炭的"金主"出场，而这恰好遮蔽了他思想的光芒。我始终困惑，去掉"马恩"的头衔，恩格斯从何种意义上成为他自己呢？我幸得此机会，从恩格斯那或掷地有声或幽默风趣的文字中，看到了一个热血中有些俏皮，真诚且勇毅的青年共产主义者形象。我时而感叹，恩格斯在与我相仿的年纪，就能对资本主义制度有如此深刻的洞见与反思；却又总忍不住调侃，原来恩格斯年轻时写的东西也存在种种缺陷，连同写信也是意识流，谈几句正题就能扯到恋爱的苦闷，还常夹带着充满创作欲望的简笔画，想来甚是有趣。但这些不完美恰恰证明，"青年恩格斯"并不是恩格斯思想不成熟性的代名词，而是一段充满思想火花和革命激情的人生旅程。

宋姝瑶：如果要了解恩格斯，便不能只了解作为马克思伙伴的恩格斯，要看到春风拂过伍珀河谷沿岸的颓靡与繁华的反差景象，要感受不来梅灼灼夏日下自由之风熔铸的"时代精神"的勋章，要读懂柏林秋风飒飒中理性与精神的回响，要体味曼彻斯特皑皑白雪下无产阶级的被压迫与奋起反抗。黑格尔曾说："一个民族有一群仰望星空的人，他们才有希望。"年少的恩格斯曾经也是星空下的仰望者，但后来，深入工人生活的体验让他明白，星空谁都可以仰望，低下头，有人身着华服、骑矫健白马，有人却踏着薄靴、衣衫褴褛。从此，他决心为无产阶级的解放做些什么，而这条革命之路踏上便是一生。如今的我们正仰望着恩格斯曾经仰望过的天空，我们应当永远铭记这位伟大的无产阶级革命导师——不是作为马克思好友的他，而是作为他自己的他。

恩格斯的思想宝库浩瀚如星河，单凭一本书难以探尽其中奥秘。然而，本书旨在为读者提供一扇窗，通过这扇窗，我们可以初窥恩格斯的思想世界。若本书对您有所启发或帮助，我们将深感荣幸。最后，衷心地感谢参与本书编辑的所有成员，衷心地感谢人民出版社的曹歌编辑提出的诸多宝贵建议，也衷心地感谢各位读者对青年团队创作成果的支持和包容。我们诚挚地希望各位读者继续探索、挖掘青年恩格斯的思想瑰宝，相信这一探索将为年轻一代注入更多的思想活力，为未来之路的探索开辟更多的可能。

谨以此书，献给所有曾经年少和正值年少之人。

于珞珈山下

2024 年 4 月

责任编辑：曹　歌
封面设计：胡欣欣
版式设计：吴　桐

图书在版编目（CIP）数据

看，这就是青年恩格斯！ / 李志主编 . -- 北京 ：
人民出版社，2025. 8. -- ISBN 978 - 7 - 01 - 027086 - 9

I. A722

中国国家版本馆 CIP 数据核字第 20258NT487 号

看，这就是青年恩格斯！
KAN ZHE JIUSHI QINGNIAN ENGESI

李　志　主编

人民出版社 出版发行
（100706　北京市东城区隆福寺街 99 号）

北京新华印刷有限公司印刷　新华书店经销

2025 年 8 月第 1 版　2025 年 8 月北京第 1 次印刷
开本：880 毫米 × 1230 毫米 1/32　印张：7.25
字数：122 千字

ISBN 978 - 7 - 01 - 027086 - 9　定价：78.00 元

邮购地址 100706　北京市东城区隆福寺街 99 号
人民东方图书销售中心　电话（010）65250042　65289539